JN114509

ベーシックマスター
よくわかる
建築法規
－ 第 2 版 －

一般財団法人　職業訓練教材研究会

目　次

第1章　建築法規の概要

　建築物は，さまざまな人のそれぞれの目的・考えにより作られている。

　それらが集まり街や都市を形成している。また，各々の建築物はそれぞれ異なる経過を
たどって使用され，除去される。このように，それぞれ異なる考えと目的によって作られ
たものが，隣接し，使用・供用されるため，近隣環境に与える影響は大きなものとなる。

　そこで，自分勝手に建築物を建築または除去することにより，市民，コミュニティや環
境を害することを防ぐため，建築にはさまざまな法規がかかわっている。（図1−1参照）

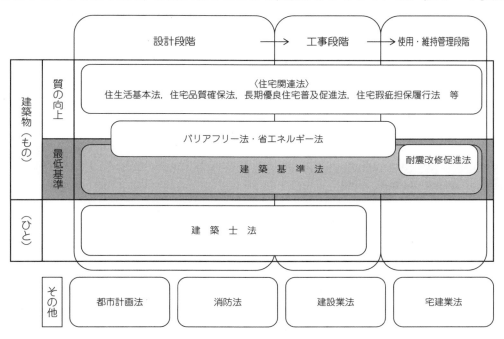

図1−1　建築法体系の概要

　また法規は，その時代・環境等により変化するものであることも，大きな特徴である。

　本書ではとくに，建築物を計画し，施工し，使用して行くための基となる法律である建
築基準法を中心に，建築法規について学んでゆきたい。

　なお，本文中で条文を示す際，建築基準法は「法」，建築基準法施行令は「令」と表記
している。

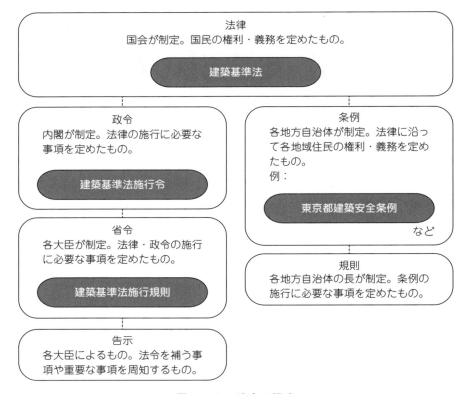

図1-2 法令の構成

1-1 建築基準法とは

（1）建築基準法（法1条）▶▶▶▷

「この法律は，建築物の敷地，構造，設備及び用途に関する最低の基準を定めて，国民の生命，健康及び財産の保護を図り，もつて公共の福祉の増進に資することを目的とする。」と第1条にある。

つまり，この法は建築物を建築するときに，最低限守らなければならないルール（基準）を示したものである。

（2）建築基準法の構成　▶▶▶▷

建築基準法は，表1-1のような構成となっている。

とくに，実体規定は「単体規定（個々の建築物の安全，防災等のルールに関するもの）」と「集団規定（都市や建築物相互の影響を整理し制限するルールに関するもの）」から成っている。

表1-1　建築基準法の構成

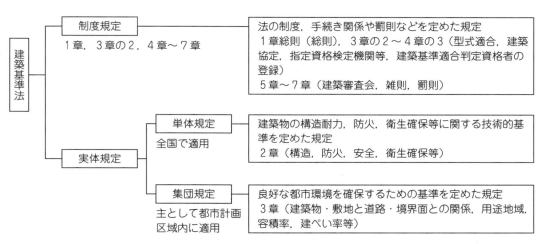

（3）適用除外（法3条）▶▶▶▶

　この法は原則，すべての建築物の建築等に適用されるが，法の適用が困難な場合や適用しない方が公共の利益に適する場合などは，法の適用除外となる場合がある。

　ａ．建築基準法のすべての規定が適用されないもの

　　文化財保護法によって定められた，国宝，重要文化財，重要有形民俗文化財，特別史跡名勝天然記念物または史跡名勝天然記念物として指定され，または仮指定された建築物。

　　旧重要美術品等の保存に関する法律の規定によって重要美術品等として認定された建築物。その他保存建築物。

　ｂ．部分について規定が適用されないもの

　　この法律施行または規定の際に，既に存在する建築物とその敷地または工事中の建築物とその敷地について，その適合しない部分に限り，適用が除外される。（法の施行後の増・改築，移転*は，除外とならない。）

＊移転：他敷地からの移転は認定が必要。

1-2 法令用語と用語の定義

（1）法律用語の読み方　▶▶▶▶

① 以上，以下

以上，以下 は起算点（「3m以上」の場合の「3m」）を含むが，超える，未満 では含

まない（●は「その点を含む」，○は「その点を含まない」ことを意味する）。

以上，以下 超える，未満

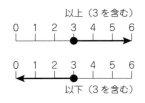 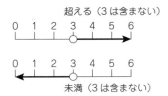

（例）「３以上はＡとするが，３未満はＢとする」は正しい表現。

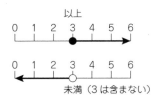

「３以上はＡとするが，３以下はＢとする」は誤った表現。

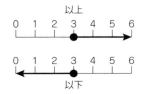

② 以前，以後

以前，以後も以上，以下と同様に起算点を含み，前と後を示す。

③ 及　　び

「ＡとＢ」のような２個の並列，同一意味の３個以上の並列の最後の連結を表す。

（例）Ａ及びＢ　　　　　　　Ａ，Ｂ及びＣ

④ 並 び に

「及び」より大きな意味の並列の連結を表す。

（例）「Ａ及びＢ」並びに「Ｃ，Ｄ及びＥ」

⑤ 若しくは

「ＡかＢか」のような２個の選択的並列，３個以上の選択的並列の最後の連結を表す。

（例）Ａ若しくはＢ　　　　　　Ａ，Ｂ若しくはＣ

⑥ 又　　は

「若しくは」より大きな意味の選択的並列の連結を表す。

（例）「A若しくはB」又は「C，D若しくはE」

⑦ 準用する

異なる対象に，同様なルールを適用することを表す。

⑧ この限りでない

ある条件のもとで，定められたルールを適用しないことを表す。

（2）用語の定義　▶▶▶▶

① 建 築 物 （法2条1号）

土地に定着する工作物のうち，「屋根」および「柱または壁」を有するものをいう。なお，以下のものも建築物に含まれる。

　　i　建築物に付属する門または塀

　　ii　建築設備（建築物に設ける電気，ガス，給排水，冷暖房，昇降機等）

　　iii　観覧のための工作物（屋外のスタジアム等），地下または高架の工作物内に設ける
　　　　事務所（地下街，塔の展望室等），店舗，興行場，倉庫，その他これに類する施設

　除外されるもの：鉄道，軌道の線路敷地内に設けられた運転保安に関する施設（信号装置，転てつ装置），跨線橋，プラットホームの上家，貯蔵槽その他これらに類する施設

② 特殊建築物 （法2条2号）

　用途の特殊性から不特定多数の人々が使用するもの，危険物を取り扱うもの等。

　学校，体育館，病院，劇場，観覧場，集会場，展示場，百貨店，市場，ダンスホール，遊技場，公衆浴場，旅館，共同住宅，寄宿舎，下宿，工場，倉庫，自動車車庫，危険物の貯蔵場，と畜場，火葬場，汚物処理施設等の用途に供する建築物。

③ 建築設備 （法2条3号）

　建築物と一体となってその機能を高めるためのもの。

　電気，ガス，給水，排水，換気，暖房，冷房，消火，排煙，汚物処理等の設備，または煙突，昇降機，避雷針をいう。

④ 居　　室 （法2条4号）

　居住，執務，作業，集会，娯楽等に類する目的のために継続的に使用する室。

応接室，店舗の売場，工場の作業室，当直室，会議室，待合室，学校の教室，観覧席等。

居室でない室：更衣室，機械室，玄関，廊下，便所，浴室，洗面所，物置，納戸，押入，階段室，車庫等。

⑤ **主要構造部** （法2条5号）

主に防火上重要な部分。

壁，柱，梁，屋根または階段をいい，基礎は含まれない。

除外されるもの：構造上重要でない間仕切壁，間柱，付け柱，揚げ床，最下階の床，回り舞台の床，小梁，ひさし，局部的な小階段，屋外階段等。

⑥ **構造耐力上主要な部分** （令1条3号）

建築物の自重，積載荷重，積雪，風圧，土圧，水圧，地震等の振動または衝撃を支えるもの。

基礎杭，基礎，壁，柱，小屋組，土台，斜材（筋交い，方杖，火打材等これに類するもの），床版，屋根版，横架材（梁，桁等これに類するもの）。

⑦ **延焼の恐れのある部分** （法2条6号）

隣地境界線，道路中心線または同一敷地内の2以上の建築物（延べ面積の合計が500m^{2}以内の建築物は，一棟の建築物とする）相互の外壁間の中心線から，1階では3m以下，2階以上では5m以下の距離にある建築物の部分。

ただし，防火上有効な公園，広場，川等の空き地もしくは水面，耐火構造の壁に面する部分を除く。

なお，外壁面が隣地境界線等と正対しない場合，角度に応じて緩和される部分がある。

⑧ **耐火構造** （法2条7号，令107条）

一定時間に対応する耐火性能を持ち，加熱後も壊れない鉄筋コンクリートや，熱や炎の影響が及ばないよう対策された構造。

壁，柱，床その他の建築物の部分の構造のうち，耐火性能に関して，政令で定める技術的基準に適合する鉄筋コンクリート造，れんが造その他の構造で，国土交通大臣が定めた構造方法を用いるもの，または国土交通大臣の認定を受けたもの。耐火時間は，30分〜3時間が定められている。

耐火性能：通常の火災が終了するまで，火災による建築物の倒壊及び延焼を防止するために必要とされる性能。

政令で定める技術的基準は，表1−2のとおり（耐火性能は，非損傷性，遮熱性，遮炎性の3つの技術基準で決められる。）。

⑨ **準耐火構造** （法2条7号の2，令107条の2）

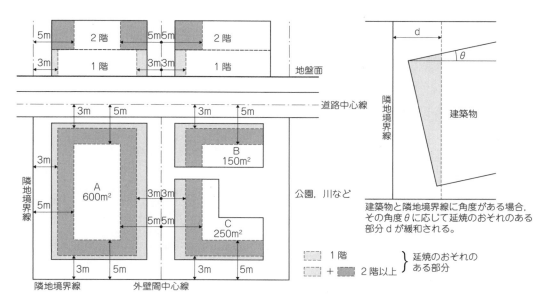

図1－3　延焼のおそれのある部分

　通常の火災による延焼を一定時間抑制する耐火性能（非損傷性・遮熱性・遮炎性）を有する構造。

　壁，柱，床その他の建築物の部分の構造のうち，準耐火性能に関して，政令で定める技術的基準に適合するもので，国土交通大臣が定めた構造方法を用いるものまたは国土交通大臣の認定を受けたものおよび燃えしろ設計（p.13参照）。耐火時間は，45分または1時間が定められている。

　準耐火性能：通常の火災による延焼を抑制するために当該建築物の部分に必要とされる性能。

　政令で定める技術的基準は，表1－2のとおり。

⑩　**防火構造**　（法2条8号，令108条）

　建築物の外壁または軒裏の構造のうち，防火性能に関して，政令で定める技術的基準に適合する鉄網モルタル塗，しっくい塗その他の構造で，国土交通大臣が定めた構造方法を用いるものまたは国土交通大臣の認定を受けたもの。

　防火性能：通常の火災による延焼を抑制するために，外壁または軒裏に必要とされる性能。防火性能は，30分が定められている。

　政令で定める技術的基準は，表1－2のとおり。

⑪　**不燃材料**　（法2条9号，令108条の2）

　建築材料のうち，不燃性能に関して政令で定める技術的基準に適合するもので，国土

交通大臣が定めたものまたは国土交通大臣の認定を受けたもの。不燃性能時間は，20分が定められている。

　　不燃性能：通常の火災時における火熱により燃焼しないことその他の政令で定める性能。

⑫　準不燃材料　（令1条5号，令108条の2）

　　建築材料のうち，加熱後10分間政令で定める要件を満たすもので，国土交通大臣が定

表1－2　耐火構造等に必要な性能に関する技術的基準

構造の種類	部　　分	火災の種類	時　　間	要　件
耐火構造 （法2条7号， 令107条）	耐力壁，柱，床，はり， 屋根，階段	通常の火災	1時間を基本とし，建築物の階に応じて3時間まで割増（屋根および階段については30分間）	非損傷性
	壁，床	通常の火災	1時間（外壁の延焼のおそれのない部分は30分間）	遮熱性
	外壁，屋根	屋内において発生する通常の火災	1時間（屋根および外壁の延焼のおそれのない部分は30分間）	遮炎性
準耐火構造 （法2条7号の2， 令107条の2）	耐力壁，柱，床，はり， 屋根，階段	通常の火災	45分間（屋根および階段については30分間）	非損傷性
	壁，床，軒裏	通常の火災	45分間（外壁および軒裏の延焼のおそれのない部分は30分間）	遮熱性
	外壁，屋根	屋内において発生する通常の火災	45分間（屋根および外壁の延焼のおそれのない部分は30分間）	遮炎性
準耐火構造 （法27条）	耐力壁，柱，床，はり	通常の火災	1時間	非損傷性
	壁，床，軒裏 （延焼のおそれのある部分）	通常の火災	1時間	遮熱性
	外壁	屋内において発生する通常の火災	1時間	遮炎性
防火構造 （法2条8号， 令108条）	外壁（耐力壁）	周囲において発生する通常の火災	30分間	非損傷性
	外壁，軒裏	周囲において発生する通常の火災	30分間	遮熱性
準防火構造 （法23条， 令109条の9）	外壁（耐力壁）	周囲において発生する通常の火災	20分間	非損傷性
	外壁	周囲において発生する通常の火災	20分間	遮熱性
屋根の構造 （令109条の3）	屋根	屋内において発生する通常の火災	20分間	遮炎性
床（天井）の構造 （令109条の3）	床，直下の天井	屋内において発生する通常の火災	30分間	非損傷性 遮熱性

(注)非 損 傷 性：構造耐力上支障のある損傷を生じないこと。
　　遮　熱　性：加熱面以外の面の温度が当該面に接する可燃物の燃焼のおそれのある温度以上に上昇しないこと。
　　遮　炎　性：屋外に火炎を出すおそれのある損傷を生じないこと。
　　通 常 の 火 災：一般的に建築物において発生することが想定される火災を表す用語として用いており，屋内で発生する火災，建築物の周囲で発生する火災の両方を含むものである。特に火災を限定する場合には「屋内において発生する通常の火災」または「建築物の周囲において発生する通常の火災」という用語を用いている。

めたものまたは国土交通大臣の認定を受けたもの。

⑬ **難燃材料**　（令1条6号，令108条の2）

　建築材料のうち，加熱後5分間政令で定める要件を満たすもので，国土交通大臣が定めたものまたは国土交通大臣の認定を受けたもの。

⑭ **耐水材料**　（令1条4号）

　れんが，石，人造石，コンクリート，アスファルト，陶磁器，ガラス等これらに類する耐水性の建築材料。

⑮ **設　　計**　（法2条10号，建築士法2条5項）

　建築士がその者の責任において，設計図書を作成することをいう。

⑯ **設計図書**　（建築士法2条5項）

　建築物の建築工事の実施のために必要な図面（現寸図その他これに類するものを除く）および仕様書をいう。

⑰ **工事監理者**　（法2条11号，建築士法2条7項）

　建築士がその者の責任において，工事監理（工事を設計図書と照合し，それが設計図書のとおりに実施されているかいないかを確認すること）をする者をいう。

⑱ **建　　築**　（法2条13号）

　建築物を新築し，増築し，改築し，または移転することをいう。修繕や模様替えは含まれない。

　　改築：建物の全部もしくは一部を除去したり，または災害等によって滅失した後，引
　　　　　き続きこれと用途・規模・構造の著しく異ならないものを建てることをいう。

　　移転：同一敷地内及び他敷地からの移転をいう。

⑲ **大規模の修繕**　（法2条14号）

　建築物の主要構造部の1種以上について行う過半の修繕のことをいう。

⑳ **大規模の模様替**　（法2条15号）

　建築物の主要構造部の1種以上について行う過半の模様替えのことをいう。

㉑ **建 築 主**　（法2条16号）

　建築物に関する工事の請負契約の注文者，または請負契約によらないで自らその工事をする者をいう。

㉒ **設 計 者**　（法2条17号）

　その者の責任において，設計図書を作成した者をいう。一定の用途・規模・構造のものは，一定の資格がなければ，設計者となれない。

　なお，建築物が構造関係規定または設備関係規定に適合することを確認した，構造設

計一級建築士または設備設計一級建築士を含む。

㉓ 工事施工者 （法2条18号）

　建築物，その敷地もしくは工作物に関する工事の請負人，または請負契約によらないで自らこれらの工事をする者をいう。

㉔ 特定行政庁 （法2条35号）

　建築主事を置く市町村の区域については当該市町村の長をいい，その他の市町村の区域については都道府県知事をいう。

㉕ 都市計画 （法2条19号，都市計画法4条1項）

　都市の健全な発展と秩序ある整備を図るための土地利用，都市施設の整備および市街地開発事業に関する計画のことをいう。

㉖ 都市計画区域又は準都市計画区域 （法2条20号，都市計画法4条2項）

　一体の都市として総合的に整備し，開発し，および保全する必要がある区域，または新たに住居都市，工業都市その他の都市として開発し，および保全する必要がある区域をいう。

㉗ 敷　　地 （令1条1号）

　一の建築物または用途上不可分の関係にある二以上の建築物のある一団の土地をいう。

㉘ 敷地面積 （令2条1項1号）

　敷地の水平投影面積をいう。

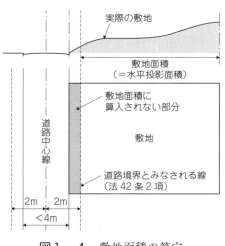

図1－4　敷地面積の算定

㉙ 建築面積 （令2条1項2号）

　建築物（地階で地盤面上1m以下にある部分を除く）の外壁または柱の中心線で囲まれた部分の水平投影面積をいう。

　ただし，以下の場合その先端から1m後退した部分から算出する。

i 軒，ひさし等が前記の中心線より１m以上突き出しているとき

ii 国土交通大臣が高い開放性を有すると認めて指定する構造の建築物またはその部分

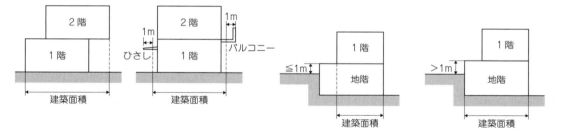

図１−５　敷地面積の算定

㉚ 床 面 積 （令２条１項３号）

建築物の各階またはその一部で，壁その他の区画の中心線で囲まれた部分の水平投影面積をいう。

㉛ 延べ面積 （令２条１項４号）

建築物の各階の床面積の合計をいう（容積率算定の場合，条件により緩和規定がある）。

㉜ 築造面積 （令２条１項５号）

工作物の水平投影面積をいう。

㉝ 地　　階 （令１条２号）

床が地盤面下にある階で，床面から地盤面までの高さがその階の天井の高さの1/3以上のものをいう。

㉞ 地 盤 面 （令２条２項）

建築物が周囲の地面と接する位置の平均の高さにおける水平面をいい，その接する位置の高低差が３mを超える場合においては，その高低差３m以内ごとの平均の高さにおける水平面をいう。

㉟ 建築物の高さ （令２条１項６号）

地盤面からの高さによる。

ただし，道路斜線の検討の場合は，前面道路の中心線の高さが基準となる。

また，建築物の屋上に設けられた階段室，昇降機塔，装飾塔，物見塔，屋窓等の水平投影面積の合計が当該建築物の建築面積の1/8以内の場合，その部分の高さは12m（絶対高さ制限地域等の場合には，５m）までの部分は高さに算入しない。

ただし，北側斜線制限や避雷針設置の検討の場合，高さの緩和措置はなくすべての部分を算入しなければならない。

なお，特定用途誘導地区はその地区の規定による。

表1－3　高さの算定（令2条1項6号）

制限内容	高さ算定の基準点	高さ不算入部分の限度	条　文
避雷針の設置義務	地盤面	除外なし	法33条
低層住居専用地域内の高さの限度	地盤面	5 m	法55条1項，2項
道路斜線	前面道路の路面の中心	12m	法56条1項1号
隣地斜線	地盤面	12m	法56条1項2号
北側斜線	地盤面	除外なし	法56条1項3号
日影規制	地盤面	5m	法56条の2
その他の規定	地盤面	12m	―

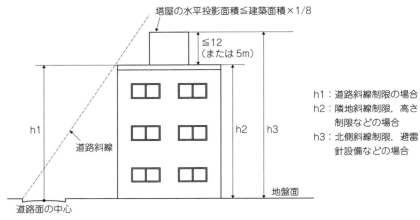

図1－6　建築物の高さ

㊱ 軒の高さ　（令2条1項7号）

　地盤面（令130条の12第1号イの場合には，前面道路の路面の中心）から建築物の小屋組またはこれに代わる横架材を支持する壁，敷桁または柱の上端までの高さをいう。

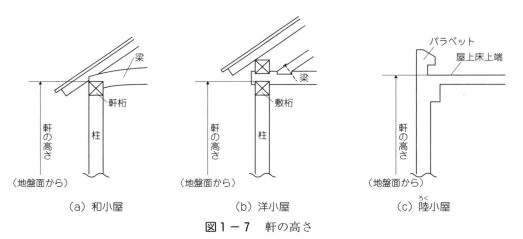

図1－7　軒の高さ

㊲ 階　　数　（令2条1項8号）

　建築物の一部が吹抜けとなっている場合，敷地が斜面または段地となっている場合，部分によって階数が異なる場合は，これらの階数のうち最大なものによる。

　ただし，以下の部分は階数に算入しない。

　建築物の屋上に設けられた昇降機塔，装飾塔，物見塔または地階に設けられた倉庫，機械室等で，水平投影面積の合計が，それぞれ当該建築物の建築面積の1/8以下のもの。

（3）法令用語の定義がないもの　▶▶▶▶

① 延焼防止建築物・準延焼防止建築物

　木造建築物等耐火・準耐火建築物としにくい建物で，規定に定める延焼防止性能を有する建築物を，延焼防止建築物・準延焼防止建築物という。

　防火地域・準防火地域内の建築物は，耐火・準耐火建築物だけではなく，延焼防止建築物・準延焼防止建築物とすることができる。

② 燃えしろ設計

　燃えしろ設計とは，燃えしろを省いた有効断面を用いて許容応力度計算を行い，表面部分が燃えても構造耐力上支障のないことを確かめる方法である。そのため，通常より材の断面を大きくすることとなる。

③ 避難時対策建築物

　通常の火災時に建物内にいる全ての人が地上まで避難する間，倒壊，延焼を防止する時間（特定避難時間）耐火性能を有する建築物。

④ 火災時対策をした準耐火構造

　通常火災の終了時間が経過する間，火災による建築物の倒壊，延焼を防止するために定められた基準に適合するもの。

　しかし，木造建築物等であるため放水などによる冷却効果がなければ，それ自身が燃焼し続けるおそれがある。よって耐火構造には当てはまらず，準耐火構造の範囲となる。

次の文章のうち，正しいものには○を，間違っているものには×をつけよ。

（1）　土台は「主要構造部」である。

（2）　耐火建築物の３階で，道路中心線から４ｍ以下の距離に正対する建築物の部分は，原則として「延焼のおそれのある部分」にあたる。

（3）　れんがは耐水材料である。

（4）　特殊建築物の屋根の過半の修繕は，「建築」にあたらない。

（5）　地盤面下に床がある階で，床面から地盤面までの高さが，その階の天井高さの１／３である場合は「地階」にあたらない。

第2章 防火と避難

　建築物に火災が発生した際，被害が拡大することを防ぐために，建築基準法や消防法などにより，計画上・構造上・設備上で防火・避難対策が義務付けられている。

　特に建築基準法では，市街地建物の集団的対策として，防火地域，準防火地域における建物規模に応じた建築物の構造制限（耐火建築物，準耐火建築物，延焼防止建築物（p.13参照），準延焼防止建築物（p.13参照）等）による不燃化が規定されている。

　また，火災の進展に沿って防火対策，消火対策および避難対策について，建築基準法と密接な関係にある消防法がある。消防法は，警報設備の設置，消火設備の設置などを規定し火災を予防し，被害を軽減することを目的としたものである。

2−1　防火地域内の建築物の構造制限（法61条）

　防火地域内の建築物の構造制限は，表2−1のとおりである。

表2−1　防火地域内の建築物（法61条）

対象となる建築物	制限	適用除外
階数が3以上の建築物	耐火建築物または延焼防止建築物	（ⅰ）延べ面積が50m²以内の平家建の付属建築物で，外壁・軒裏が防火構造のもの （ⅱ）卸売市場の上家・機械製作工場で主要構造部が不燃材料のもの他これらに類する構造で，同等以上に火災発生の恐れのないもの
延べ面積が100m²を超える建築物		
その他の建築物	耐火建築物準耐火建築物または延焼防止建築物準延焼防止建築物	（ⅲ）高さ2mを超える門・塀で不燃材料で造ったもしくは覆われたもの （ⅳ）高さ2m以下の門・塀

2−2　準防火地域内の建築物の構造制限（法61条）

　準防火地域内の建築物の構造制限は，表2−2のとおりである。

表2－2　準防火地域内の建築物（法61条）

対象となる建築物等			制限	適用除外
地階を除く階数が4以上の建築物			耐火建築物，延焼防止建築物	卸売市場の上家・機械製作工場で主要構造部が不燃材料のもの，その他これらに類する構造で，同等以上に火災発生の恐れのないもの
延べ面積が1,500m²を超える建築物				
延べ面積が500m²を超え1,500m²以下の建築物			耐火建築物，準耐火建築物，延焼防止建築物，準延焼防止建築物	
延べ面積が500m²以下で地階を除く階数が3の建築物			耐火建築物，準耐火建築物，延焼防止建築物，準延焼防止建築物または外壁開口部の構造・面積，主要構造部の防火の措置等が令136条の2の2に掲げる基準に適合する建築物	
階数が2以下の木造建築物	①	外壁・軒裏で延焼のおそれのある部分	防火構造	―
	②	高さ2mを超える門・塀が1階にあり延焼のおそれのある部分	不燃材料で造ったもしくは覆われたもの	

2－3　防火地域内および準防火地域内における共通の規制

（1）屋根の構造（法62条，令136条の2の2）▶▶▶▶

　防火地域または準防火地域内の建築物の屋根の構造は，市街地における火災を想定した火の粉による建築物の火災の発生を防止するために，建築物の構造および用途の区分に応じて政令で定める技術的基準に適合するものとしなければならない。

　政令で定める技術的基準：屋根が，火災による火の粉により，防火上有害な発炎，溶融またはき裂その他の損傷を生じないものであること。

（2）外壁の開口部の防火戸（令109条）▶▶▶▶

　防火地域または準防火地域内にある建築物は，その外壁の開口部で延焼のおそれのある部分に，防火戸その他の政令で定める防火設備を設けなければならない。

　政令で定める防火設備の技術的基準：防火設備に通常の火災による火熱が加えられた場合に，加熱開始後20分間当該加熱面以外の面（屋内に面するものに限る。）に火炎を出さないものであること。

2－4　特殊建築物の内装制限（法35条の2，令128条の4，5）

　耐火構造による建築物であっても内装材料が発火することで，避難や消火活動が困難になることがある。そこで，建築物の用途・規模・構造・開口部の条件により，壁・天井の

内装材料を燃えにくい材料とすることで，フラッシュオーバー[*]を遅らせ，避難や消火活動を妨げる状況がないよう規定している。（表2－3参照）

表2－3　建築物の内装制限（法35条の2，令128条の4，129条）

用途・構造・規模区分		建築物の構造			内装制限	
		耐火建築物	準耐火建築物	その他の建築物	居室等	地上に通ずる主たる廊下，階段，通路
(1)	劇場，映画館，演芸場，観覧場，公会堂，集会場	（客室）400m²以上	（客室）100m²以上		難燃材料3階以上の当該用途の個室の天井は準不燃材料以上 ▲	準不燃材料
(2)	病院，診療所（患者の収容施設があるもの），ホテル，旅館，下宿，共同住宅，寄宿舎，養老院，児童福祉施設等（令19条1項1号参照）	（3階以上）300m²以上100m²以内に防火区画されたものを除く	（2階部分）300m²以上病院または診療所は2階に患者収容施設がある場合に限る	200m²以上		
(3)	百貨店，マーケット，展示場，キャバレー，カフェー，ナイトクラブ，バー，舞踏場，遊技場，公衆浴場，待合，料理店，飲食店，物品販売業（加工修理業）の店舗（10m²以内を除く）	（3階以上）1,000m²以上	（2階部分）500m²以上	200m²以上		
(4)	地階，地下工作物内で(1)(2)(3)の用途に供するもの	全部			準不燃材料	
(5)	自動車車庫，同修理工場	全部				
(6)	無窓の居室^{注1}	全部				
(7)	階数及び規模によるもの^{注2}	○階数が3以上で500m²を超えるもの ○階数が2で1,000m²を超えるもの ○階数が1で3,000m²を超えるもの（学校，体育館を除く）			難燃材料 ▲	
(8)	火気使用室^{注3}	住宅	階数が2以上の住宅で，最上階以外の階にある火気使用室		準不燃材料	—
		住宅以外	火気使用室は全部			
(9)	11階以上の部分	100m²以内に防火区画された部分			注4	
		200m²以内に防火区画（乙種防火戸を除く）された部分			準不燃材料（下地とも）▲	
		500m²以内に防火区画（乙種防火戸を除く）された部分			不燃材料（下地とも）▲	
(10)	地下街	100m²以内に防火区画された部分			注5	地下道不燃材料（下地とも）
		200m²以内に防火区画（乙種防火戸を除く）された部分			準不燃材料（下地とも）	
		500m²以内に防火区画（乙種防火戸を除く）された部分			不燃材料（下地とも）	

▲：壁は床面から高さ1.2m以下を除く（廊下は対象外）。
注1：天井，または天井から下方へ80cm以内にある開口部で居室床面積1/50未満のもの。（天井高6mを超えるものは除く。）
注2：(7)欄の規定に該当する建築物のうち，(2)欄の用途に供するもので31m以下のものについては，(2)欄の規定が適用される。
注3：(8)欄の規定は，主要構造部を耐火構造としたものについては適用されない。
注4：(9)欄の規定では，100m²以内に防火区画された部分については，使用材料の制限は記されていないが，建築物の階数及び規模による(7)欄の規定が適用される。
注5：(10)欄の規定では，100m²以内に防火区画された部分については，使用材料の制限は記されていないが，(1)(2)(3)欄の用途に供する部分については(4)欄の規定が適用される。

＊フラッシュオーバー：室内の局所的火災が，ごく短時間に，部屋全体に拡大し全面火災に至ること。

2−5 特殊建築物の構造の制限（法27条，法別表第1）

特殊建築物のうち，特定の用途・規模をもつものは，耐火建築物または準耐火建築物としなければならない。（表2−4参照）

表2−4　特殊建築物の構造の制限（法27条，別表第1）

特殊建築物の用途		耐火建築物		耐火建築物または準耐火建築物
		用途に供する階	用途に供する部分の床面積の合計	用途に供する部分の床面積の合計
①	劇場，映画館，演芸場	3階以上の階	200m²以上 (1,000m²以上*1) 客席のみ	—
	観覧場，公会堂，集会場その他これらに類するもので政令で定めるもの	主階が1階にないもの		
②	病院，診療所，ホテル，旅館，下宿，共同住宅，寄宿舎その他これらに類するもので政令で定めるもの*2	3階以上の階	—	300m²以上 2階部分のみ*2 ▲
③	学校，体育館その他これらに類するもので政令で定めるもの	3階以上の階	—	2,000m²以上 ▲
④	百貨店，マーケット，展示場，キャバレー，カフェー，ナイトクラブ，バー，ダンスホール，遊技場その他これらに類するもので政令で定めるもの	3階以上の階	3,000m²以上	500m²以上 2階部分のみ ▲
⑤	倉庫その他これに類するもので政令で定めるもの	—	200m²以上 3階以上のみ	1,500m²以上 ▲
⑥	自動車車庫，自動車修理工場その他これらに類するもので政令で定めるもの	3階以上の階	—	150m²以上*3
⑦	法別表第2（と）項4号において規定された危険物で，令116条に掲げられた数量の限度以上のものの貯蔵場または処理場	—		全範囲

▲：避難時対策建築物（p.13参照）とすることができる。
＊1：屋外観覧席の場合
＊2：病院・診療所はいずれも患者の収容施設を持つ場合に限る
＊3：令109条の3で定められた技術的基準に適合するものを除く

2−6 耐火建築物・準耐火建築物に要求される性能（法2条7号，令107条）

耐火建築物・準耐火建築物に要求される性能は，表2−5のとおりである。

表2－5　耐火構造・準耐火構造の性能基準（令107条，令107条の2）

構造の種類	要件	部　位	時　間	備　考
耐火構造 （令107条）	非損傷	耐力壁	1～2時間	当該建築物の階数により異なる
		床		
		柱	1～3時間	
		はり		
		屋根	30分間	―
		階段		
	遮熱	壁・床	1時間	延焼のおそれのある部分以外では30分間
	遮炎	外壁・屋根	1時間	
準耐火構造 （令107条の2）	非損傷	耐力壁	45分間 （1時間）	―
		床		
		柱		
		はり		
		屋根	30分間	屋根は軒裏を除く
		階段		
	遮熱	壁・床・軒裏	45分間（1時間）	延焼のおそれのある部分以外では30分間
	遮炎	外壁	45分間（1時間）	

2－7　木造建築物の防火規定

　近年，木材を建築材料として活用することで循環型社会の形成や国土の保全，地域経済の活性化に貢献することが期待されている。そして，建築物における防火についての技術的知見の蓄積を踏まえ，建築物の木造・木質化の推進が求められている。

（1）大規模の木造建築物の構造制限（法21条）▶▶▶▶

　高さ16m以下かつ地上3階建以下の木造建築物等は，可燃物量が著しく多いもの（倉庫・車庫等）を除き，大規模木造建築物に係る防耐火規制の対象外となっている。

　ここでは，耐火構造としにくい木造建築物等において，高さ16mを超える等の大規模の木造建築物の構造制限を見ていきたい（倉庫・車庫等を除く）。

　①　火災時対策をした準耐火構造（法21条，令109条の5，令元国告示第193号）

　　　高さ16mを超える木造建築物等は，火災時対策をした準耐火構造（p.13参照）することができる。その構造は表2－6にあるように，高さや階数により定められている。

　　　ただし，建築物の周囲に延焼防止に有効な空地がある場合，上記の構造制限は免除される。

　②　その他の大規模木造建築物等の構造（法25条）

　　　木造建築物等は，床面積により壁等の構造が表2－7にあるように定められている。

表2－6　耐火性能検証によって性能が確かめられた構造

規　模	構　造
地上階≦4 高さ＞16m	イ　主要構造部および軒裏は75分間準耐火構造とする。 ロ　200m²以内ごとに75分間準耐火構造で防火区画する。 ハ　防火区画ごとにスプリンクラー設備等を設ける。 ニ　天井の仕上げは準不燃材料とする。 ホ　2階以上に居室がある場合，特別避難階段に準じる直通階段を設ける。 ヘ　外壁の開口部は防火設備等とする。 ト　居室に自動火災報知設備を設ける。 チ　廊下等の避難経路に排煙設備を設ける。 リ　建物周囲に幅員3m以上の通路を設ける。 ヌ　当該建物が用途地域内にあること。
地上階≦3 高さ＞16m	イ　主要構造部および軒裏は1時間準耐火構造とする。 ロ　建物周囲に幅員3m以上の通路を設ける。または200m²以内ごとに1時間準耐火構造で防火区画し，上階の開口部へ延焼を防ぐひさし等を設ける。
地上階≦2 高さ＞16m	イ　外壁・軒裏は防火構造とし，1階の床（直下に地階がある場合）および2階床は30分間準耐火構造とする。 ロ　地階の主要構造部は耐火構造または不燃材料とする。 ハ　火気使用室とその他の部分を防火区画する。 ニ　各室および各通路の壁（床から1.2m以下の部分を除く）および天井の仕上げは難燃材料とする。またはスプリンクラー設備等および排煙設備を設ける。 ホ　継手または仕口の防火措置を講じる。 ヘ　通常の火災により建物全体が容易に倒壊しない構造であること。

表2－7　その他の大規模の木造建築物等の構造

規　模	構　造
延べ面積＊＞1,000m²	イ　延焼の恐れのある部分の，外壁および軒裏を防火構造，屋根は政令で定める技術的基準に適合した構造とする。 ロ　1,000m²以内ごとに防火壁により区画する。
延べ面積＞3,000m²	イ　耐火構造とする。 ロ　3,000m²以内ごとに定められた構造により区画する。

＊延べ面積：同一敷地内にある木造建築物の床面積の合計

（2）木造建築物の屋根（法22条）▶▶▶▶

　木造建築物の屋根は，防火地域および準防火地域においては，市街地における通常の火災，22条区域においては，通常の火災により，「防火上有害な発炎をしない」，「屋内に達する防火上有害な溶融，き裂等の損傷を生じない」こと。

（3）木造建築物の外壁（法23条）▶▶▶▶

　延焼の恐れのある部分の外壁は，準防火性能に関する技術的基準に適合するものとしなければならない。

　準防火性能に関する技術的基準：（令109条の9）

　①　耐力壁では，加熱開始後20分間構造耐力上支障のある変形，溶融，破壊その他の損

傷を生じないものであること

② ①以外の外壁では，加熱開始後20分間当該加熱面以外の面（屋内に面するものに限る）の温度が可燃物燃焼温度以上に上昇しないものであること

2－8 防火壁・防火床（法26条，令113条）

木造建築物において延べ面積が1,000m²を超えるものは1,000m²以内ごとに防火壁・防火床によって区画しなければならない（図2－1）。

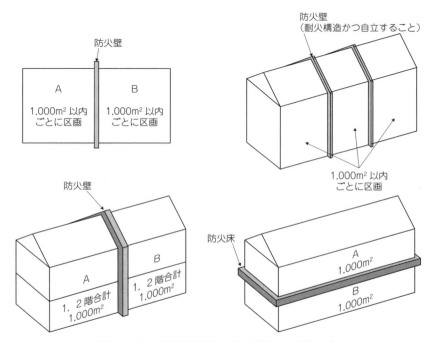

図2－1　木造建築物の防火壁および防火床

適用除外：

① 耐火建築物および準耐火建築物

② 卸売市場の上屋等で，主要構造部が不燃材料等としたもの

③ 畜舎等でその周辺地域が農業上の利用に供されるもの等で国土交通大臣の定める基準に適合するもの

2－9 防火区画（令112条）

防火区画の目的は火煙を閉じ込め，隣接する区画に火災が拡大することを防ぐことで，建物からの避難を容易にすることである。このために，耐火建築物や準耐火建築物に設けるものである。

区画の考え方として，火災を一定規模内に抑えるための「面積区画」，煙等が上下階へ伝わることを制御するための「たて穴区画」および1つの建築物に異なる用途空間があることによる火災リスクを軽減するための「異種用途区画」がある。

防火区画には，消防法施行令8条区画（令8条区画）となるところもあるので，区画の構造および区画を貫通する配管等は，消防法の検討も必要となる。

令8条区画：消防法施行令8条により，法で定めた構造の方法により区画することで，区画ごとそれぞれ別の防火対象物とできるため，スプリンクラー設備などの消火設備の適用面積が，それぞれの区画面積となる。

2−10 界壁・間仕切壁・隔壁の制限（法30条，令22条の3，令114条）

共同住宅，学校，病院，ホテル，寄宿舎等の界壁，防火上主要な間仕切り壁および小屋組が木造の建築物等の隔壁における防火性能は，表2−8のとおりである。また，共同住宅および長屋の界壁は，小屋裏または天井裏へ達するもので，政令で定めた遮音性能を有するものでなければならない（表2−9）。

表2−8　界壁・間仕切壁・隔壁の制限（法30条，令22条の3，114条）

建築物の種類	対象となる部分	構造	指定	
長屋または共同住宅	各戸の界壁	準耐火構造	小屋裏または天井裏に達すること	
学校・児童福祉施設等[*1] 病院・診療所[*2] ホテル・旅館 下宿・寄宿舎 マーケット	防火上主要な間仕切壁	準耐火構造	小屋裏または天井裏に達すること または強化天井とすること	
建築面積が300m²を超えるもので小屋組が木造	小屋裏の隔壁	準耐火構造	桁行間隔12m以内ごとに設置	
		制限なし	①	耐火建築物であるもの
			②	各室各通路の壁（高さ≦1.2mは除く）・天井の室内に面する部分が難燃材料で仕上げされたもの またはスプリンクラー等自動消火設備および令126条の3の規定に適合する排煙設備のあるもの
			③	周辺が農業用地であり，国土交通大臣が定める基準に適合する畜舎・堆肥舎・水産物の増殖場および養殖場の上屋
延べ面積が200m²を超える建築物同士を連絡する渡り廊下で小屋組が木造，かつ桁行が4mを超えるもの	小屋裏の隔壁	準耐火構造	—	

＊1：老人福祉施設も含まれる
＊2：患者の収容施設を持たないものを除く

表 2 － 9　遮音性能に関する技術的基準

振動数 [Hz]	透過損失 [dB]
125	25
500	40
2,000	50

2 －11 階段と廊下の幅

（1）階段（令23条～27条）▶▶▶▷

　上下への移動を安全に行うために，階段の幅，踏面，蹴上および踊場の各寸法，手すりの位置が，表 2 －10のように規定されている。なお，手すりの出寸法が10cm 以内であれば，階段幅の算定に考慮しなくてよい。また，階段に代わるスロープを設ける場合，その勾配は，1/8以下とし，表面は滑りにくい材料とすること。

　その他

①　階段の幅が 3 m を超える場合，階段中央に手すりを設けること（高さ 1 m 以下の階段の部分，および蹴上15cm 以下で踏面30cm 以上の階段は除く）

②　直線状の階段で，階高が学校・劇場等で 3 m，その他の建築物で 4 m を超える場合，踏幅1.2m 以上の踊場を設けなければならない

③　回り階段の階段幅は，幅の狭い方の端から30cm の位置での寸法とする

表 2 －10　階段の寸法

	階段の種類	階段・踊場の幅	けあげ	踏面	踊場の位置	直階段の踊場の踏幅
①	小学校の児童用	≧140cm	≦16cm	≧26cm	高さ ≦ 3 m ごと	
②	中学校，高等学校，中等教育学校の生徒用，物品販売店（「物品加工修理業を含む」床面積＞1,500m²），劇場，映画館，公会堂，集会場などの客用	≧140cm	≦18cm （≦20cm）	≧26cm （≧24cm）		≧120cm
③	地上階用（直上階居室の床面積合計＞200m²）地階・地下工作物内（居室の床面積合計＞100m²）	≧120cm	≦20cm	≧24cm	高さ ≦ 4 m ごと	
④	住宅（共同住宅の共用階段を除く，メゾネットの専用階段を含む）	≧75cm	≦23cm	≧15cm		
⑤	①～④以外の階段	≧75cm	≦22cm （≦23cm）	≧21cm （≧19cm）		
⑥	屋外階段：避難用直通階段	≧90cm			上記①～⑤に準ずる	
⑦	屋外階段：避難用直通階段以外の階段	≧60cm				

（　）内の数値は，同等以上に昇降を安全に行うことのできる階段
＊注：別途告示を満足することで，けあげを18cm とすることができる。告示内容：①両側に手すりを設け、②階段の表面を粗面とし，または滑りにくい材料で仕上げた場合。

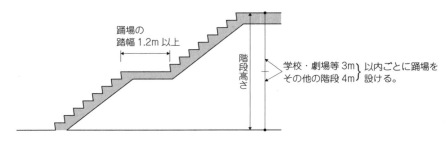

踊場の
踏幅 1.2m 以上

階段高さ

学校・劇場等 3m } 以内ごとに踊場を
その他の階段 4m } 設ける。

図2-2 直階段（踊場あり）

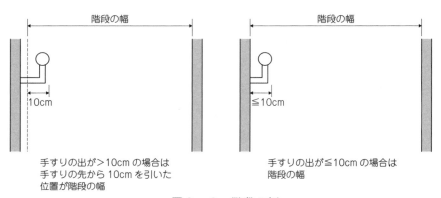

階段の幅

階段の幅

10cm

≦10cm

手すりの出が＞10cm の場合は
手すりの先から 10cm を引いた
位置が階段の幅

手すりの出が≦10cm の場合は
階段の幅

図2-3 階段の幅

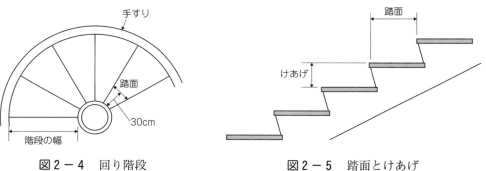

手すり

踏面

30cm

階段の幅

図2-4 回り階段

踏面

けあげ

図2-5 踏面とけあげ

（2）廊下の幅（令119条）▶ ▶ ▶ ▶

廊下の幅は，表2－11のとおりである。

表2－11　廊下の幅（令119条）

用途	配置	両側に居室が あるもの[m]	その他の 廊下 [m]
小学校 中学校 高等学校 中等教育学校	における児童・生徒用のもの	2.3 以上	1.8 以上
病院の患者用のもの		1.6 以上	1.2 以上
共同住宅の住戸・住室の床面積の合計が100m²を超える階で共用のもの			
床面積の合計が200m²（地階：100m²）を超えるもの*			

＊：3室以下の専用のものを除く

2－12 敷地内の避難上および消火上必要な通路

（1）屋外出入口の通路幅，屋上等の手すり高さ（令126条，128条）▶ ▶ ▶ ▶

①　特殊建築物等の避難階から屋外へ出たのちの避難活動を円滑にするために，これらの出入口から道，公園，広場等に通じる通路の幅は1.5m 以上としなければならない。なお，一定の要件を満たせば，敷地内通路の幅は90cm 以上に緩和される。

②　屋上広場，2階以上にあるバルコニー等の周囲には，高さ110cm 以上の手すり壁，さく等を設けなければならない。

（2）大規模な木造建築物の敷地内通路（令128条の2）▶ ▶ ▶ ▶

主要構造部の一部が木造で，延べ面積1,000m²を超える建築物は，その周囲を3m以上の幅員で，敷地に接する道まで達する通路を設けなければならない。

①　主要構造部が木造（一部が耐火構造の建築物を含む場合，または特定防火設備で区画されている部分があるとき，その部分の床面積は除く）で，延べ面積が1,000m²を超える場合，道路に接する部分を除き，周囲に幅員3m以上の通路を設けなければならない。なお延べ面積が3,000m²以下の場合，隣地境界側は1.5m以上に緩和される。

②　床面積1,000m²以内の木造建築物が敷地内に2棟以上ある場合，隣接する建築物の延べ面積の合計が1,000m²を超える場合は，1,000m²以内ごとに区画し，その間に幅員3m以上の通路を設ける。

防火と避難

③　同一敷地内の木造建築物と耐火・準耐火建築物の間の通路幅の制限はない。ただし，木造等の建築物の延べ面積の合計が3,000m²を超える場合は，3,000m²ごとにその周囲に幅員３m以上の通路が必要となる。

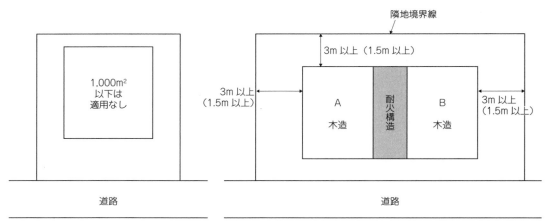

| 図２－６　延べ面積が1,000m²以下の場合 | 図２－７　延べ面積が1,000m²を超す場合 |

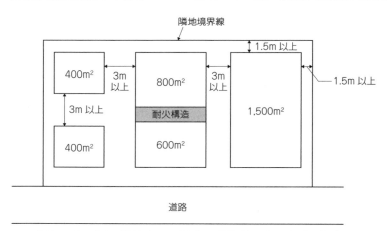

図２－８　同一敷地内に２以上の建築物がある場合（例）

2－13 防火・避難のための設備

（1）排煙設備（法35条，令126条の２，3）▶▶▶▶

　火災時に発生する煙やガスは，避難・消火活動の妨げとなる。そのため，不特定多数が利用する特殊建築物等において，原則排煙設備を設けなければならない。
　排煙装置を設置する建築物および居室の規模：

① 特殊建築物で延べ面積が500m²を超えるもの（法別表第1（い）欄1項〜4項までのもの）

② その他の建物で階数が3以上，延べ面積が500m²を超えるもの（高さ31m以下にある居室で床面積100m²ごとに，不燃材料で造った間仕切壁，天井面から50cm以上突出した垂れ壁によって区画されたものを除く）

③ 延べ面積1,000m²を超える建物の床面積200m²を超える居室

④ 令116条の2第1項2号でない居室（開放できる部分の面積がその床面積の1/50以上）

（2）非常照明設備（法35条，令126条の4，5）▶▶▶▶▷

火災時に停電が起きると，避難活動の妨げとなる。そのため，表2-4にある建築物においては，原則非常照明設備を設けなければならない（表2-12）。

表2-12　非常用の照明装置（令126条の4，5）

	建築物および部分		照明装置の構造
①	特殊建築物*¹の居室	（ⅰ）	直接照明で，床面において1ルクス以上の照度を確保できるもの
②	階数3以上で延べ面積が500m²を超える建築物の居室		器具は火災時，温度の上昇があっても著しく光度が低下しないものとして国土交通大臣が定めた構造方法を用いるもの*⁴
③	令116条の2第1項1号に該当する窓その他開口部を持たない居室		
④	延べ面積が1,000m²を超える建築物の居室		予備電源を設けること
⑤	①から④までの各居室から地上に通じる廊下・階段・その他の通路*²		上記の他，非常の場合の照明を確保するために必要があるものとして国土交通大臣が定めた構造方法を用いるもの*⁴
⑥	⑤に類する建築物の部分で，照明装置の設置を通常要する部分	（ⅱ）	火災時，停電した場合に自動的に点灯し，避難するまでの間に室内の温度の上昇があっても，床面において1ルクス以上の照度を確保することができるものとして国土交通大臣の認定を受けたもの*⁵
⑦	一戸建の住宅・長屋・共同住宅の住戸		設置の義務なし
	病院の病室・下宿の宿泊室・寄宿舎の寝室その他これらに類する居室		
	学校等		
	避難階・避難階の直上もしくは直下階の居室で避難上支障がないものその他これらに類するものとして国土交通大臣が定めるもの*³		

＊1：法別表第1（い）欄1項〜4項までに掲げるもの
＊2：採光上有効に直接外気に開放された通路を除く
＊3：建設省告示第1411号（平成12年5月31日）参照
＊4：建設省告示第1830号（昭和45年12月28日）参照

また，消防法（施行令26条）により，病院，集会場等の建築物や地階等の避難口・通路および劇場の客席には，誘導灯の設置が義務付けられている。

（3）スプリンクラー設備（消令12条）▶ ▶ ▶ ▶

病院，養護老人ホームなど，建物の用途，規模等によりスプリンクラー設備の設置が義務付けられている。

練習問題

次の文章のうち，正しいものには○を，間違っているものには×をつけよ。
（1）準防火地域内で，2階建て，延べ面積400m²の倉庫は，耐火建築物または準耐火建築物のいずれともしなくてよい。
（2）飲食店の用途に供する耐火建築物は，その規模にかかわらず，内装制限を受けない。
（3）老人福祉施設の用途に供する部分の防火上主要な間仕切壁は，防火構造とし，小屋裏または天井裏に達せしめるかまたは強化天井とする。
（4）病院における患者用の廊下で，両側に居室があるものの幅は，1.6m以上としなければならない。
（5）共同住宅の2階以上の階にあるバルコニーの周囲には，安全上必要な高さが1.1m以上の手すり壁等を設けなければならない。

第3章　都市環境

　都市とは，さまざまな建築物の集合体として成っている。しかし，建築物それぞれが自身の目的のためのみに計画され，集合体として，無秩序・無計画に建築されたのでは，良好な都市環境は得られない。

　そこで，都市内の道路と建築物の関係，建築物の用途・形態などを，建築基準法は規定している。これは，建築物による都市の環境と機能を良好なものとし，悪化することを防止するためである。

3－1　土地利用

　良好な都市を作るために都市計画法では，都市計画区域を，将来にわたって積極的に都市として整備していく地域（市街化区域）と当分の間，市街地開発を行わない地域（市街化調整区域）に区分している。

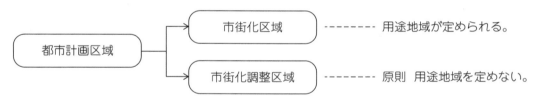

　都市計画法の基本理念：都市計画は，農林漁業との健全な調和を図りつつ，健康で文化的な都市生活等を確保するために，適正な制限のもとに土地の合理的な利用が図られるべきことを基本理念としている。

（1）用途地域（都市計画法9条，法48条）▶▶▶▶

　a．用途地域の種類と地域の目的は，表3－1のとおりである。
　b．用途地域内の建築物の用途制限は，表3－2のとおりである。

（2）特別用途地区（法49条，都市計画法9条13項）▶▶▶▶

　特別用途地区は，用途地域内の一定の地区の特性にふさわしい土地利用の増進，環境保護など特別の目的を図るため，用途地区に重ねて補完して指定するものである。規制の内容は，地方公共団体の条例で定めることができる。

表3－1　用途地域の種類

用途地域の種類	目 的 と 特 徴
第一種低層住居専用地域	低層住宅に係る良好な住居の環境を保護する地域。小規模な店舗や事務所を兼ねた住宅，小中学校などが建築可能。
第二種低層住居専用地域	主として低層住宅に係る良好な住居の環境を保護する地域。小中学校などのほか，$150m^2$までの一定の店舗などが建築可能。
第一種中高層住居専用地域	中高層住宅に係る良好な住居の環境を保護する地域。病院，大学，$500m^2$までの一定の店舗などが建築可能。
第二種中高層住居専用地域	主として中高層住宅に係る良好な住居の環境を保護する地域。病院，大学などのほか，$1,500m^2$までの一定の店舗や事務所など必要な利便設備が建築可能。
第一種住居地域	住居の環境を保護する地域。$3,000m^2$までの店舗，事務所，ホテルなどは建築可能。
第二種住居地域	主として住居の環境を保護する地域。店舗，事務所，ホテル，カラオケボックスなどは建築可能。
準住居地域	道路の沿道としての地域の特性にふさわしい業務の利便の増進を図りつつ，これと調和した住居の環境を保護する地域。
田園住居地域	農業と調和した低層住宅の環境を守るための地域。住宅に加え，農産物の直売所などが建築可能。
近隣商業地域	近隣の住宅地の住民に対する日用品の供給を行うことを主たる内容とする商業その他の業務の利便を増進する地域。
商業地域	主として商業その他の業務の利便を増進する地域。住宅や小規模の工場も建築可能。
準工業地域	主として環境の悪化をもたらすおそれのない工業の利便を増進する地域。危険性，環境悪化が大きい工場のほかは，ほとんどが建築可能。
工業地域	主として工業の利便を増進する地域。住宅や店舗も可能だが，学校，病院，ホテルなどは建築できない。
工業専用地域	工業の利便を増進する地域。どんな工場でも建築可能。住宅，店舗，学校，病院，ホテルなどは建築できない。

（3）市街化調整区域（都市計画法34条）▶▶▶▶

市街化調整区域は，市街化を抑制するよう定められた地域であり，原則建築物の建築は認められない。

例外：

① 農林漁業用建築物

② 駅舎等鉄道施設，図書館，公民館など

③ 土地区画整理事業，都市計画事業の施工として行うもの

④ 日常生活に必要な小規模店舗の建築等

（4）特殊建築物について（法51条）

都市生活において，卸売市場，火葬場またはと畜場，汚物処理場，ごみ焼却場などは，

表3－2　用途地域内の建築物の制限の概要（法別表2）

用途地域内の建築物の用途制限

凡例：
- （白）：建てられる用途
- ■（グレー）：建てられない用途
- ①, ②, ③, ④, ▲：面積, 階数等の制限あり

※以下の表では、建てられる用途は空欄、建てられない用途は「■」、面積・階数等の制限は ①②③④ ▲ ◆ で示す。

用途制限	第一種低層住居専用地域	第二種低層住居専用地域	第一種中高層住居専用地域	第二種中高層住居専用地域	第一種住居地域	第二種住居地域	準住居地域	田園住居地域	近隣商業地域	商業地域	準工業地域	工業地域	工業専用地域	備考
住宅, 共同住宅, 寄宿舎, 下宿													■	
兼用住宅で, 非住宅部分の床面積が, 50m²以下かつ延べ面積の2分の1未満のもの													■	非住宅部分の用途制限あり
店舗等の床面積が150m²以下のもの	■	①	②	③				①					④	①⇒日用品販売店舗, 喫茶店, 理髪店および建具屋等のサービス業用店舗のみ。2階以下。 ②⇒①に加えて, 物品販売店舗, 飲食店, 損保代理店・銀行の支店・宅地建物取引業のサービス業用店舗のみ。2階以下。 ③⇒2階以下 ④⇒物品販売店舗, 飲食店を除く ◆⇒農産物直売所, 農家レストラン等に限る。
店舗等の床面積が150m²を超え, 500m²以下のもの	■	■	②	③				◆					④	〃
店舗等の床面積が500m²を超え, 1,500m²以下のもの	■	■	■	③				■					④	〃
店舗等の床面積が1,500m²を超え, 3,000m²以下のもの	■	■	■	■				■					④	〃
店舗等の床面積が3,000m²を超え, 10,000m²以下のもの	■	■	■	■	■			■					④	〃
事務所等の床面積が1,500m²以下のもの	■	■	■	▲				■						▲2階以下
事務所等の床面積が1,500m²を超え, 3,000m²以下のもの	■	■	■	■				■						
事務所等の床面積が3,000m²を超えるもの	■	■	■	■				■						
ホテル, 旅館	■	■	■	■	▲			■				■	■	▲3,000m²以下
ボーリング場, スケート場, 水泳場, ゴルフ練習場, バッティング練習場等	■	■	■	■	▲			■				■	■	▲3,000m²以下
カラオケボックス等	■	■	■	■	■			■						
マージャン屋, ぱちんこ屋, 射的場, 馬券・車券販売所等	■	■	■	■	■			■					■	
劇場, 映画館, 演芸場, 観覧場	■	■	■	■	■	■	▲	■				■	■	▲客席200m²未満
キャバレー, ダンスホール等, 個室付浴場等	■	■	■	■	■	■	■	■			▲	■	■	▲個室付浴場を除く
大規模集客施設（劇場, 映画館, 演芸場, 観覧場, 店舗, 飲食店, 展示場, 遊技場等で床面積の合計が10,000m²を超えるもの）	■	■	■	■	■	■	■	■				■	■	
幼稚園, 小学校, 中学校, 高等学校等												■	■	
大学, 高等専門学校, 専修学校等	■	■						■				■	■	
図書館等													■	
巡査派出所, 一定規模以下の郵便局														
神社, 寺院, 教会等														
病院	■	■						■				■	■	
公衆浴場, 診療所, 保育所等														
老人ホーム, 身体障害者福祉ホーム等													■	
老人福祉センター, 児童厚生施設等	▲	▲						▲					■	▲600㎡以下
自動車教習所	■	■	■	■	▲			■						▲3,000㎡以下
単独車庫（付属車庫を除く）	■	■	▲	▲	▲	▲		■						▲300㎡以下 2階以下
建築物付属自動車車庫	①	①	②	②	③	③		①						①600㎡以下1階以下 ②3,000㎡以下 2階以下 ③2階以下
①, ②, ③については, 建築物の延べ面積の1/2以下, かつ, 備考欄に記載の制限	→ ※一団地の敷地内について別に制限あり													
倉庫業倉庫	■	■	■	■	■	■		■						
自家用倉庫	■	■	①	②				◆						①2階以下かつ1,500㎡以下 ②3,000㎡以下 ◆農産物および農業の生産資材に限る
畜舎（15m²を超えるもの）	■	■	■	■	■	▲		■						▲3,000m²以下
パン屋, 米屋, 豆腐屋, 菓子屋, 洋服屋, 畳屋, 建具屋, 自転車店等で作業場の床面積が50m²以下	■	▲	▲	▲				▲						原動機の制限あり, ▲2階以下
危険性や環境を悪化させるおそれが非常に少ない工場	■	■	■	■	①	①	①	◆	②	②				原動機・作業内容の制限あり 作業場の床面積 ①50m²以下 ②150m²以下 ◆農産物の生産, 処理等に限る
危険性や環境を悪化させるおそれが少ない工場	■	■	■	■	■	■	■	■	②	②				〃
危険性や環境を悪化させるおそれがやや多い工場	■	■	■	■	■	■	■	■	■	■				〃
危険性が大きいかまたは著しく環境を悪化させるおそれがある工場	■	■	■	■	■	■	■	■	■	■	■			〃
自動車修理工場	■	■	■	■	①	①	②	■	③	③				作業場の床面積 ①50m²以下 ②150m²以下 ③300m²以下 原動機の制限あり
火薬, 石油類, ガスなどの危険物の貯蔵・処理の量：量が非常に少ない施設	■	■	①	②										①1,500m²以下 2階以下 ②3,000m²以下
〃 量が少ない施設	■	■	■	■										
〃 量がやや多い施設	■	■	■	■	■	■	■	■	■					
〃 量が多い施設	■	■	■	■	■	■	■	■	■	■	■			
卸売市場, 火葬場, と畜場, 汚物処理場, ごみ焼却場等	→ 都市計画区域内において都市計画決定が必要													

注　本表は建築基準法別表第二の概要であり, 全ての制限について掲載したものではない

必要不可欠のものであるが，周辺環境への影響を配慮しなければならないものでもある。そこで，当該特殊建築物は，都市計画においてその敷地の位置が決定しているものでなければ，新築し，または増築してはならないとされている。

3－2 道　路

（1）道路とは（法42条）▶▶▶▶

道路とは幅員４m以上のもの（地下における物を除く）を原則とする。しかし，法が適用される以前から存在する，幅員４mに満たないものも道路とみなされる。

さらに，特定行政庁が地域を指定して，幅員を６m以上とすることができる。

a．幅員４m以上の道路

表3－3　建築基準法上の道路

道路の種別	概　　要
道路法による道路（1項1号）	国道，都道府県道，市町村道，区道
都市計画法などによる道路（1項2号）	都市計画法・土地区画整理法・都市再開発法などにより作られた道路。（工事完了後，道路法による道路となる）
既存道路（1項3号）	建築基準法が適用される時点で，既に存在している幅員４m以上の道で，公道，私道の別は問わない
事業執行予定道路（1項4号）	道路法・都市計画法などに基づく事業計画のある道路で，2か年以内にその事業が執行される予定のものとして特定行政庁が指定した道路
位置指定道路（1項5号）	道路法・都市計画法などの法律により作られる以外の道路で，建築物を建築するために特定行政庁からその位置の指定を受けた道路（5号道路）

b．幅員４m未満の道路

建築基準法が適用される時点で，既に建築物が立ち並んでいる場所にある幅員４m未満の道で，特定行政庁が指定したもの。（法42条2項に当たるため「2項道路」といわれる）

幅員1.8m未満の2項道路で，特定行政庁が建築審査会の同意を得たもの。

（2）位置指定道路▶▶▶▶

大きな敷地を区分して利用する場合，その敷地内に道路を設置しなければ，区分地が建築物の敷地として認められないことがある。このとき，道路部分の土地を共有しながら特定行政庁に「道路位置の指定」を受けて作られるため，位置指定道路という。（法42条1項5号に当たるため「5号道路」ともいわれる）

位置指定道路の設置基準は，表3－4のとおりである。

表 3 - 4　位置指定道路の設置基準（令144条の4）

事　項		基準*の概要
①	接道	両端が他の道路に接続していること 　袋路状道路でもよい場合（以下の（ⅰ）～（ⅳ）のうちの一つでも該当すれば認められる） 　（ⅰ）　延長が35m以下であること 　（ⅱ）　終端が公園・広場等，自動車の転回に支障のないものに接続していること 　（ⅲ）　延長が35mを超える場合，終端や35m以内ごとに自動車の転回広場が設けられていること 　（ⅳ）　幅員が6m以上であること
②	隅切り	道が交差・接続・屈曲した部分を，辺の長さ2mの二等辺三角形に隅切りすること（内角が120度以上の場合は不要）
③	路面	砂利敷きなど，ぬかるみにならない構造であること
④	勾配	縦断勾配が12%以下であり，階段状でないこと
⑤	排水	道およびこれに接する敷地内の排水に必要な側溝・街渠などを設けること

＊：地方公共団体は，その土地の気候風土の特殊性や土地の状況などにより必要と認める場合，条例で区域を限り，これらと異なる基準を定めることができる

（3）敷地の接道（法43条）▶▶▶▶

　建築物の敷地は原則として，道路（自動車専用道路等は除く）に2m以上接しなければならない。（図3-1）

　なお，地方公共団体は，条例により特殊建築物または規模などにより，道路幅員・接道の長さ等を強化することができる。

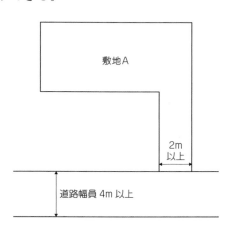

図3-1　敷地の接道

（4）道路内の建築制限（法44条）▶▶▶▶

　建築設備を含む建築物（建築物に付属する門，塀を含む），敷地を造成するための擁壁などを，道路内または道路に突出して建築してはならない。

表3－5　道路内等に建築できるもの（例外）

例外の種別	概　　　要
道路内または道路に突出して建築できるもの	地盤面下に設ける建築物
	上空または路面下に設ける建築で，特定行政庁が認めたもの（地区計画区域または再開発地区計画内にあり，その地区計画等に適合したもの）
建築審査会の同意および特定行政庁の許可を得れば可能なもの	公衆便所，巡査派出所等
	公共用歩廊（アーケード），道路上空に設ける渡り廊下等

（5）私道の変更廃止の制限（法45条）▶▶▶▶

　私道の変更または廃止する場合，その道路に接する敷地に不都合が生じることがないよう特定行政庁は，その私道の変更または廃止を禁止し，または制限することができる。

（6）壁面線の指定と制限（法46条，47条）▶▶▶▶

a．壁面線の指定

　街区内における建築物の位置を整え，その環境の向上を図るために必要があると認められる場合，特定行政庁は建築審査会の同意を得て，壁面線を指定することができる。

b．壁面線が指定された場合の制限

　壁面線を超えて，建築物の壁や柱，または高さ2mを超える門や塀を建築してはならない。

3－3　建築物の密度・形態規制

（1）容積率（法52条）▶▶▶▶

a．敷地面積に対する建築物の延べ床面積の割合を容積率という。

$$容積率（単位：\%）＝\frac{延べ面積の合計}{敷地面積}×100$$

　容積率は，その地域によるものと，前面道路によるものがあり，そのいずれか厳しいほうの数値で制限される。

　なお，建築物の容積率の算定の基礎となる延べ面積には，共同住宅の共用の廊下または階段の床面積は，算入しない。

1）地域（都市計画法，建築基準法）による容積率の限度

表 3 － 6　容積率の限度（法52条）

	用途地域の種類	容積率の限度
①	第一種低層住居専用地域 第二種低層住居専用地域 田園住居地域	5/10，6/10，8/10，10/10，15/10，20/10 のうち都市計画で定められたもの（第1号）
②	第一種中高層住居専用地域 第二種中高層住居専用地域	
③	第一種住居地域 第二種住居地域 準住居地域 近隣商業地域 準工業地域	10/10，15/10，20/10，30/10，40/10，50/10 のうち都市計画で定められたもの（第2号）
④	商業地域	20/10，30/10，40/10，50/10，60/10，70/10， 80/10，90/10，100/10，110/10，120/10，130/10 のうち都市計画で定められたもの（第3号）
⑤	工業地域 工業専用地域	10/10，15/10，20/10，30/10，40/10 のうち都市計画で定められたもの（第4号）
⑥	高層住居誘導地区にあり，住宅の用途の床面積の合計が延べ面積の 2/3以上であるもの	③の地域で定められた数値から，その 1.5倍以下で床面積の合計の延べ面積に対する割合に応じて，政令で定める方法*で算出された数値までの範囲内で都市計画で定められたもの（第5号）
⑦	用途地域の指定のない区域	5/10，8/10，10/10，20/10，30/10，40/10 のうち特定行政庁が土地利用の状況等を考慮し，区域を区分して都道府県都市計画審議会の議を経て定めるもの（第6号）

*：高層住居誘導地区内の建築物の容積率の上限の数値の算出方法（令135条の14）

$$Vr = \frac{3Vc}{3-R}$$

Vr：法第 52 条第 1 項第 5 号の「政令で定める方法により算出した数値」
Vc：建築物のある用途地域に関する都市計画において定められた容積率の数値
R：住宅の用途に供する部分の床面積の合計の，延べ面積に対する割合

2）前面道路の幅員による容積率の限度

表 3 － 7　前面道路の幅員による容積率の限度（法52条）

用途地域の種類	係　　数
第一種低層住居専用地域 第二種低層住居専用地域 田園住居地域	4/10
第一種中高層住居専用地域 第二種中高層住居専用地域 第一種住居地域	4/10
第二種住居地域 準住居地域 （同条1項5号に掲げるものを除く）	※　6/10
その他の地域	6/10
	※　4/10，8/10　のうちのいずれか

※特定行政庁が都道府県都市計画審議会の議を経て指定する区域内

b．容積率の緩和

1）壁面線の指定がある場合の緩和措置

　前面道路の境界線またはその反対側の境界線からそれぞれ後退して壁面線の指定がある場合，特定行政庁が認めて許可した建築物については，当該前面道路は，壁面線にあるものとみなして，容積率を算出できる。この場合，当該建築物の敷地のうち前面道路と壁面線との間の部分の面積は，敷地面積に算入しないものとする。

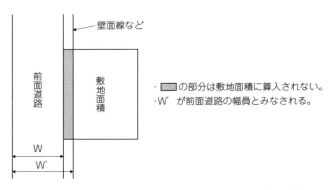

図3－2　壁面線の指定がある場合の容積の緩和

2）次の条件を満たす場合，敷地前面道路の幅員による緩和がある。

　敷地前面道路の幅員が6m以上12m未満

　敷地は特定道路（幅員15m以上の道路）から70m以内

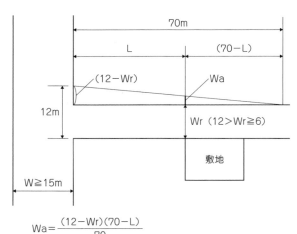

$$Wa = \frac{(12-Wr)(70-L)}{70}$$

Wa：前面道路の幅員に加算する数値
Wr：前面道路の幅員
L：特定道路から敷地までの延長

図3－3　特定道路までの距離による容積率の緩和

3）前面道路が都市計画道路である場合の緩和措置

　敷地が都市計画道路に接しまたは敷地内に都市計画道路がある場合，特定行政庁が交通上，安全上，衛生上支障がないと認め，当該計画道路を前面道路と許可した建築物は，当該計画道路の幅員による容積率とすることができる（ただし，建築審査会の同意を要する）。

4）車庫面積の控除

　自動車車庫部分（誘導車路，操車場，乗降場を含む）の床面積は，敷地内の建築物の床面積の合計の1/5を上限とし，面積算入しない。

5）住宅の地下室の容積率不算入

　次の条件を満たす地階面積は，住宅用途の床面積の合計の1/3を上限に面積算入しない。

・天井が地盤面より高さ1ｍ以下。

・住宅の用途に供する部分に限る。

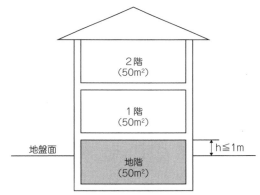

図3－4　住宅の地下室の容積率不算入

6）エレベーターの昇降路の容積率不算入

　エレベーターの昇降路（シャフト）部分の床面積は、容積率に算入しない（全ての建築物における全ての階について不算入とする）。

（2）建ぺい率（法53条）▶▶▶▶

ａ．敷地面積に対する建築物の建築面積の割合を建ぺい率という。

$$建ぺい率（単位：\%）=\frac{建築面積の合計}{敷地面積}\times100$$

表 3 － 8 　建ぺい率の限度（法53条）

	用途地域の種類	建ぺい率の限度（原則）
①	第一種低層住居専用地域 第二種低層住居専用地域 田園住居地域 第一種中高層住居専用地域 第二種中高層住居専用地域 工業専用地域	3/10, 4/10, 5/10, 6/10 のうち都市計画で定められたもの（第１号）
②	第一種住居地域 第二種住居地域 準住居地域 準工業地域	5/10, 6/10, 8/10 のうち都市計画で定められたもの（第２号）
③	近隣商業地域	6/10, 8/10 のうち都市計画で定められたもの（第３号）
④	商業地域	8/10（第４号）
⑤	工業地域	5/10, 6/10 のうち都市計画で定められたもの（第５号）
⑥	用途地域の指定のない区域	3/10, 4/10, 5/10, 6/10, 7/10 のうち特定行政庁が土地利用の状況等を考慮し，区域を区分して都道府県都市計画審議会の議を経て定めるもの（第６号）

ｂ．建ぺい率の緩和

① 建ぺい率が8/10とされている地域以外の防火地域内の耐火建築物等（または準防火地域内の耐火・準耐火建築物等）は，1/10を緩和する。

② 街区の角にある敷地で，特定行政庁が指定したものは，1/10を緩和する。

③ 第一種住居地域，第二種住居地域，準住居地域，準工業地域内，近隣商業地域および商業地域で，建ぺい率が8/10とされている地域以内で，防火地域内の耐火建築物等は，建ぺい率の制限を受けない。

④ 巡査派出所，公衆便所，公共用歩廊その他これらに類するものは，建ぺい率の制限を受けない。

⑤ 公園，広場，道路，川等の内にある建築物で特定行政庁が安全上，防火上および衛生上支障がないと認めて許可したものは，建ぺい率の制限を受けない。

（3）絶対高さ（法55条）▶▶▶▶

第一種低層住居地域，第二種低層住居地域，田園住居地域における建築物の高さは，原則 10m または12m のうち都市計画で定められた高さを超えてはならない。

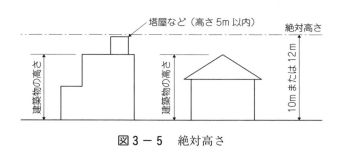

図 3 − 5　絶対高さ

（4）道路斜線（法56条 1 項 1 号，令131条〜135条の 2 ）▶▶▶▶

a．前面道路による斜線制限

　道路周辺の日照，衛生，安全性などを確保するため，用途地域に従い一定の勾配の斜線内に建築物の高さが収まるよう制限されている。

表 3 − 9　前面道路による斜線制限

区域	各敷地の容積率の限度			
第一種低層住居専用地域 第二種低層住居専用地域 田園住居地域 第一種中高層住居専用地域 第二種中高層住居専用地域 第一種住居地域 第二種住居地域 準住居地域 （＊ 1 を除く）	20/10以下	20/10超30/10以下	30/10超40/10以下	40/10超
	20m 1.25 1.0 25m	25m 1.25 1.0 31.25m	30m 1.25 1.0 37.5m	略
近隣商業地域 商業地域	40/10以下	40/10超60/10以下	60/10超80/10以下	80/10超100/10以下
	20m 1.5 1.0 30m	25m 1.5 1.0 37.5m	30m 1.5 1.0 45m	35m 1.5 1.0 52.5m
準工業地域（＊ 1 を除く） 工業地域 工業専用地域	20/10以下	20/10超30/10以下	30/10超40/10以下	40/10超
	20m 1.5 1.0 30m	25m 1.5 1.0 37.5m	30m 1.5 1.0 45m	略
用途地域の指定のない区域＊ 2	20/10以下	20/10超30/10以下	30/10超40/10以下	—

＊ 1 ：高層住宅誘導地区内の建築物で，住宅部分の床面積の合計が延べ面積の2/3以上のもの
＊ 2 ：この区域の勾配は，1.25または1.5のうち特定行政庁が定めるもの。適用距離は30/10超はすべて30m

都市環境

b．道路斜線制限の緩和

① 建築物を道路からセットバック*させて，道路と建築物の間に空地を設けた場合，セットバック距離だけ前面道路の反対側境界が外方にあるものとして道路斜線を適用する。

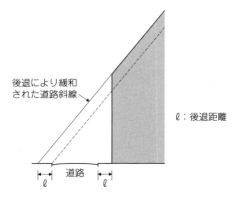

図3－6　道路斜線制限の緩和

② 建築物が2以上の道路に接する場合，幅員が最大である前面道路の幅員の，2倍かつ35m以内の部分，および狭い道路中心線から10m以上離れた部分については，狭い道路の幅員が，最大幅員の前面道路として道路斜線を適用する。

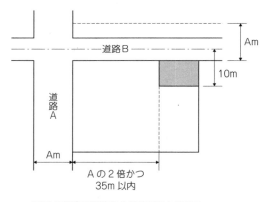

■の部分は道路Bの斜線制限を受ける。

図3－7　前面道路が2以上ある場合の緩和措置

③ 前面道路の反対側に公園，広場，水面などがある場合，前面道路の反対側境界は公園などの反対側にあるものとして道路斜線を適用する。

＊セットバック：日照や通風の確保のため，建築物の上階を下階より後退させて建てること。また，敷地境界，道路境界などから，後退して建築物を建てること。

④　前面道路と敷地の地盤面に高低差が１ｍ以上ある場合，高低差から１ｍを引いた
残りの1/2だけ前面道路が上がったものとして道路斜線を適用する。

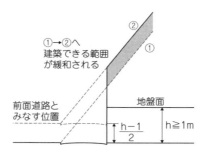

図３－８　前面道路より敷地が高い場合の緩和

（5）隣地斜線（法56条１項２号，令135条の３）▶▶▶▶▷

ａ．隣地斜線制限

隣地境界周辺の日照，採光，通風などを確保し，閉塞感を防ぐため，用途地域に従い斜
線内に建築物の高さが収まるよう制限されている。

表３－10　隣地斜線の制限（法56条）

用途地域の種類		斜線制限	セットバックした場合の斜線制限
①	第一種中高層住居専用地域 第二種中高層住居専用地域 第一種住居地域 第二種住居地域 準住居地域（④を除く）	$(1.25 \times L^{*2}) + 20m$	$1.25 \times (L + \ell^{*3}) + 20m$
②	近隣商業地域 準工業地域（④を除く）		
③	商業地域 工業地域 工業専用地域	$(2.5 \times L) + 31m$	$2.5(L + \ell) + 31m$
④	高層住居誘導地区内で住宅の用途に供する部分の床面積の合計が延べ面積の2/3以上であるもの		
⑤	用途地域の指定のない区域　係数*1　1.25	$(1.25 \times L) + 20m$	$1.25 \times (L + \ell) + 20m$
	2.5	$(2.5 \times L) + 31m$	$2.5(L + \ell) + 31m$

＊１：特定行政庁が土地利用の状況等を考慮し，区域を区分して都道府県都市計画審議会の議を経て定めるもの
＊２：Ｌは高さが20mあるいは30mを超す部分から，隣地境界線までの水平距離のうち，最も短いもの
＊３：ℓ はＬからセットバックした距離

ｂ．隣地斜線制限の緩和

①　敷地が公園，広場，水面などに接する場合の隣地境界線は，その公園等の幅の1/2

だけ外側にあるものとみなす。

② 建築物の敷地の地盤面が隣地の地盤面より 1 m 以上低い場合，（高低差 − 1 ）／ 2 だけ高い位置に地盤面があるものとみなす。

（6）北側斜線（法56条1項3号，令135条の4）▶▶▶▶

a．北側斜線制限

住居系地域の日照を確保するため，建築物の北側の高さが制限されている。

表 3 −11　北側斜線の制限（法56条）

用途地域の種類	北側斜線
第一種低層住居専用地域 第二種低層住居専用地域 田園住居地域	$(1.25 \times L^{*}) + 5\,\text{m}$
第一種中高層住居専用地域 第二種中高層住居専用地域	$(1.25 \times L) + 10\,\text{m}$

＊：Lは前面道路の反対側の境界線または隣地境界線までの真北方向の水平距離

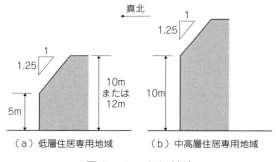

図 3 − 9　北側斜線

b．北側斜線の緩和

① 敷地の北側に水面，線路敷などがある場合，その水面等の幅の1/2だけ外側にあるものとみなす。

② 敷地の地盤面が北側隣地より 1 m 以上低い場合，（高低差 − 1 ）／ 2 だけ高い位置に地盤面があるものとみなす。

（7）日影規制（法56条の2）▶▶▶▶

中高層建築物が近隣敷地へ落とす影の時間を制限し，日照を確保するための制限。

冬至日における，8：00〜16：00まで（北海道にあっては9：00〜15：00）に生じる日影が，定められた時間および範囲内に制限されている。

表 3 −12　日影による中高層建築物の高さ制限（法56条の２，別表第４）

用途地域の種類	制限を受ける建築物	平均地盤面からの高さ	日影となる時間の限度*1		
			種類	L*2≦10mの範囲	L＞10の範囲
第一種低層住居専用地域 第二種低層住居専用地域 田園住居地域	軒の高さが７ｍを超えるものまたは地上３階以上のもの	1.5m	①	3時間 （2時間）	2時間 （1.5時間）
			②	4時間 （3時間）	2.5時間 （2時間）
			③	5時間 （4時間）	3時間 （2.5時間）
第一種中高層住居専用地域 第二種中高層住居専用地域	高さが10mを超えるもの	4mまたは6.5m	①	3時間 （2時間）	2時間 （1.5時間）
			②	4時間 （3時間）	2.5時間 （2時間）
			③	5時間 （4時間）	3時間 （2.5時間）
第一種住居地域 第二種住居地域 準住居地域 近隣商業地域 準工業地域	高さが10mを超えるもの	4mまたは6.5m	①	4時間 （3時間）	2.5時間 （2時間）
			②	5時間 （4時間）	3時間 （2.5時間）
用途地域の指定のない区域	軒の高さが７ｍを超えるものまたは地上３階以上のもの	1.5m	①	3時間 （2時間）	2時間 （1.5時間）
			②	4時間 （3時間）	2.5時間 （2時間）
			③	5時間 （4時間）	3時間 （2.5時間）
	高さが10mを超えるもの	4m	①	3時間 （2時間）	2時間 （1.5時間）
			②	4時間 （3時間）	2.5時間 （2時間）
			③	5時間 （4時間）	3時間 （2.5時間）

＊１：（　）内は北海道のみ適用
＊２：Ｌは敷地境界線からの水平距離

都市環境

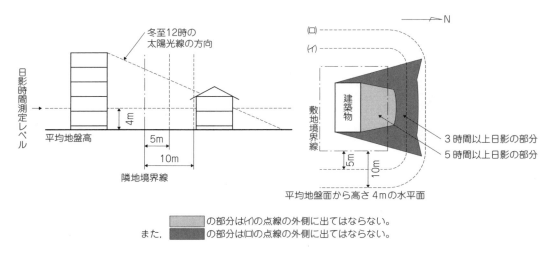

図3−10　日影規制の例

（8）その他▶▶▶▶

a．天空率（法56条7項）

斜線制限の緩和規定で，斜線制限に適合した建築物と計画する建築物を天空率で比較し，計画する建築物が上回っていれば斜線制限を適用しない。

b．高度地区（法58条）

都市計画において，用途地域内の市街地の環境を維持し，土地の利用を増進するために，建築物の最高限度または最低限度を定める地区である。

練習問題

次の文章のうち，正しいものには○を，間違っているものには×をつけよ。
（1）　都市再開発法により新設された幅員6mの道路は，建築基準法上の道路である。
（2）　幅員25mの自動車専用道路のみ6m接している敷地に，建築基準法上，建築物を建築することができる。
（3）　容積率を算定する際，自動車車庫部分の床面積は，そのすべてが面積に算入されない。
（4）　北側斜線制限は，住居系地域の日照を確保するための制限である。

第4章　一般構造と構造強度

4－1 敷地の衛生および安全（法19条）

敷地の衛生および安全に関する規定は表4－1のとおりである。

表4－1　敷地の衛生および安全の規定（法19条）

観　点	規　　　定
衛生上	建築物の敷地は，これに接する道よりも高くし，建築物の地盤面は周囲の土地より高くしなければならない。ただし，その必要がないときは除く。
衛生上および安全上	建築物の敷地が湿潤な土地，出水のおそれのある土地，ごみ等により埋め立てられた土地である場合は，盛土，地盤改良等を行なわなければならない。
衛生上	建築物の敷地には，雨水，汚水を排出処理するための適当な下水管，下水溝，ためます等の施設を設けなければならない。
安全上	がけ崩れ等のおそれがある敷地には，擁壁の設置その他安全上適当な措置を講じなければならない。

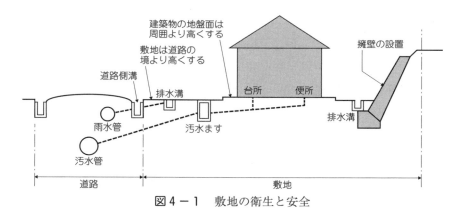

図4－1　敷地の衛生と安全

4－2 採光，換気およびシックハウス対策

（1）採光（法28条1項，令19条，20条）▶▶▶▶

　人々が居室で生活するために，最低限必要な自然採光を確保するための開口部等を確保しなければならない。

a．居室と採光

居室の種類と，採光上有効な開口部面積の居室の床面積に対する割合は，表4－2のとおりである。

表4－2　採光上必要な開口部の割合（令19条）

	居室の種類	割合
①	住宅の居室	1/7
②	幼稚園・小学校・中学校・高等学校・中等教育学校の教室	1/5
③	保育所および幼保連携型認定こども園の保育室	
④	病院・診療所の病室	1/7
⑤	寄宿舎の寝室・下宿の宿泊室	
⑥	児童福祉施設等*1の寝室（入所者の使用するものに限る）	
⑦	児童福祉施設（保育所除く）等で，入所または通う者に対する保育・訓練・日常生活等に用いられる居室	
⑧	②に掲げる学校以外の学校の教室	1/10
⑨	病院・診療所・児童福祉施設等で，入院患者または入所する者の談話・娯楽等に用いられる居室	
⑩	②から⑦までに掲げる居室で，国土交通大臣の定める基準に従って各措置が講じられているもの*2	1/7，1/10のうち該当するもの*2

＊1：児童福祉施設（幼保連携型認定こども園を除く），助産所，身体障害者社会参加支援施設，保護施設，婦人保護施設，老人福祉施設，有料老人ホーム，母子保護施設，障害者支援施設，地域活動支援センター，福祉ホームまたは障害福祉サービス事業の用に供するものをいう（一部例外有り）
＊2：建設省告示第1800（昭和55年12月1日）参照

特例：ふすま，障子で随時解放できる2室の場合は1室とすることができる。

b．採光有効面積の算定方法

採光有効面積＝居室の開口部の面積×採光関係比率（$\dfrac{d}{h}$）に応じた採光補正係数

採光補正係数の算定を図4－2，表4－3に示す。

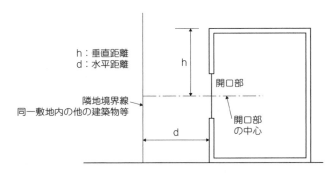

図4－2　採光補正係数の算定に必要な距離

表4－3　採光補正係数の算定（令20条）

用途地域の種類	算定式（原則）	算定値（A）による適用除外			
		開口部が道に面する	dの距離	Aの数値	係数
第一種低層住居専用地域 第二種低層住居専用地域 第一種中高層住居専用地域 第二種中高層住居専用地域 第一種住居地域 第二種住居地域 準住居地域 田園住居地域	$\dfrac{d}{h} \times 6.0 - 1.4$	○	—	A＜1.0	1.0
		×	d≧7m	A＜1.0	1.0
		×	d＜7m	A＜0	0
準工業地域 工業地域 工業専用地域	$\dfrac{d}{h} \times 8.0 - 1.0$	○	—	A＜1.0	1.0
		×	d≧5m	A＜1.0	1.0
		×	d＜5m	A＜0	0
近隣商業地域 商業地域 用途地域の指定のない地域	$\dfrac{d}{h} \times 10.0 - 1.0$	○	—	A＜1.0	1.0
		×	d≧4m	A＜1.0	1.0
		×	d＜4m	A＜0	0

ｃ．隣地境界線までの水平距離の緩和

・道に面する場合：道の反対側の境界線とすることができる。

・公園，広場，川等に面する場合：これらの幅の1／2だけ外側とすることができる。

ｄ．採光補正係数の例外

・天窓 ＝ 算定値× 3

・居室の外側に幅90cm 以上の縁側等がある開口部 ＝ 算定値×0.7

・採光補正係数が3.0を超える場合＝3.0

（２）換気（法28条２項，令20条の２，129条の２の５）▶▶▶▶

居室には換気のための窓等や換気設備を設けなければならない。

ａ．換気に必要な窓等

　換気に必要な窓，開口部等の面積は，その居室の床面積の1/20以上である。窓，開口部等の面積が，その居室の床面積の1/20未満の場合，火気使用室は，換気設備を設けなければならない。（シックハウス対策においても機械換気設備の設置を求められる。）

b．換気設備

換気設備には，自然換気，機械換気，中央管理方式の空調設備などがあり，設置すべき居室の用途と換気設備の種類は表4－4のとおりである。

表4－4　居室に設けるべき換気設備

設置が義務付けられる居室	換気設備の種類
無窓の居室 窓その他の開口部の換気に有効な面積が，当該居室の1/20未満である居室	自然換気設備 機械換気設備 中央管理方式の空気調和設備 国土交通大臣の認定を受けたもの
劇場，映画館，演芸場，観覧場，公会堂，集会場の居室	機械換気設備 中央管理方式の空気調和設備 国土交通大臣の認定を受けたもの
火気使用室	令20条の3第2項1号の規定に適合するもの

（3）シックハウス対策（法28条の2，令20条の4～7）▶▶▶▶

a．シックハウスに関する規制

住宅に限らず，居室を有するすべての建築物にシックハウス*対策の規制がされている。

① クロルピリホスの使用の禁止

② ホルムアルデヒドに関する建材，換気設備の規制

b．アスベスト（石綿）に関する規制

アスベスト（石綿）の使用も規制している。

4－3 地階の居室（法29条，令22条の2）

「住宅の居室」「学校の教室」「病院の病室」「寄宿舎の寝室」の4種類の居室を地階に設ける場合，衛生上等の観点から「居室の防湿措置」と，「土に接する外壁・床などの防水措置」を行わなければならない。

a．居室の防湿措置

居室の開口部を，からぼり等空地に面して設ける。

施行令20条2の規定による換気設備を設ける。

調湿設備を設ける。

＊シックハウス：室内空気汚染に由来する，様々な健康被害のこと。特に建材に含まれる科学物質（クロルピリホス，ホルムアルデヒド等）によるものがあげられる。

b．土に接する外壁・床などの防水措置

外壁・床・屋根に防水を施す。

土に接する外壁・床は二重構造などとし，空隙部には排水設備を設ける。

外壁・床・屋根の構造を，国土交通大臣が認定したのものとする。

4－4 天井高さ（令21条）

① 居室の天井高さは，2.1m 以上としなければならない。（居室以外の室は除く）

② 同一の居室内で天井高さが異なる場合，その平均高さを天井高さとする。

4－5 便所（法31条，令28条）

① 下水処理区域内（下水道法）の便所は水洗便所としなければならない。

② 終末処理場のある公共下水道以外へ放流する場合は，政令で定めた技術的基準に適合するし尿浄化槽等を設けなければならない。

③ 採光および換気のため，直接外気に接する開口部を設けなければならない。

4－6 構造強度（法20条１項１号～３号）

　建築物は，荷重・外力などに対して安全でなければならない。この安全を確かめるために計算等（構造計算が必要な建築物は表４－５）を行い，これらの荷重・外力により構造上主要な部分に生ずる力と各部分の安全性を評価する。

　また，すべての建築物は構造種別に応じて，材料や接合方法が仕様規定により定められている。

表４－５　構造計算が必要な建築物（法20条１項～３項）

構造の種類	規　　模
木造	高さ＞13mまたは軒高＞９m 階数≧３または延べ面積＞500m²
鉄骨造・鉄筋コンクリート造等 木造以外のもの	階数≧２または延べ面積＞200m² 鉄筋コンクリート造・鉄骨鉄筋コンクリート造で高さ＞20m
主要構造部が石造・れんが造・コンクリート ブロック造・無筋コンクリート造等	高さ＞13mまたは軒高＞９m

＊エキスパンションジョイント等応力を伝えない構造で接している場合，それぞれ別の建築物とすることができる。

（1）構造設計の原則（令36条の３）▶▶▶▶

　設計者は，建築物を自重，積載荷重，積雪荷重，風圧力，地震力その他の振動や衝撃に

対して，構造耐力上安全な構造となるよう計画しなければならない。

（2）建築材料の品質（法37条，令144条の3）▶▶▶▶

　建築物の基礎，主要構造部などに使用する木材，鋼材，コンクリート等の品質は，日本産業規格，日本農林規格に適合したものまたは国土交通大臣の認定を受けたものであること。

（3）木造建築物の構造等（令40条〜50条）▶▶▶▶

　施行令40条から50条の構造強度にかかわる規定は，茶室，あずまや等これに類する建築物または延べ面積10m²以下の物置，納屋等には適応されない。

①　居室の床の高さは，直下の地面から床表面まで45cm以上としなければならない。

②　外壁の床下部分に壁の長さ5m以下ごとに，300cm²以上の換気孔を設け，換気孔にはネズミの侵入を防ぐ設備を設ける。

③　原則，構造耐力上主要な柱の下部には土台を設ける。

④　土台は基礎に緊結する。

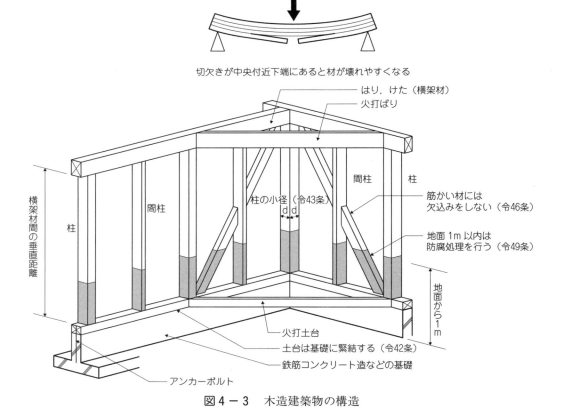

図4−3　木造建築物の構造

⑤　柱の小径＝横架材の垂直距離×係数（施行令43条）

⑥　地上３階以上の建築物において，１階の柱の小径は，13.5cm 以上とする。

⑦　横架材（はり，桁等）の中央部付近下端に，耐力上支障のある欠込みをしてはならない。

⑧　筋かいには，欠込みをしてはならない。（間柱と取合う場合は，間柱を欠き込む）

⑨　各階の張り間方向，桁行方向の水平力に対し安全であるよう，つりあいよく，壁または筋かいを入れた軸組を設ける。

⑩　構造耐力上主要な部分である継手・仕口は，存在応力を伝えるよう緊結する。

⑪　地面から１m 以内にある柱，筋かい，土台には防腐措置をする（必要に応じ防蟻措置も講じる）。

練習問題

次の文章のうち，正しいものには○を，間違っているものには×をつけよ。

（1）　採光有効面積は，居室の開口部の面積×採光補正係数×採光関係比率（$\frac{d}{h}$）で求められる。

（2）　木造２階建ての住宅で，子供部屋の天井高さを2.0mとした。

（3）　公共下水道の処理地域内においては，便所はくみ取り便所としてはならない。

（4）　構造設計にあたって設計者は，建築物の自重，積載荷重，積雪荷重，風圧力，地震力その他の振動や衝撃に対して，構造耐力上安全な構造となるように計画しなければならない。

（5）　木造２階建て，延べ面積200m²の住宅を建築中，はりの中央付近の下側に耐力上支障のある欠込みをしたので，その部分を補強した。

第5章 建築手続

建築物の計画から，着工，完了，維持，除去に至るまで，建築基準法等に諸手続き規定が定められている。代表的なものとして確認申請があるが，これは新築，増改築，用途変更等について，建築関係法規に適合するか確認審査を受けるための手続きのことである。

5－1 確認申請が必要な建築物等（法6条，88条）

確認申請を必要とする建築物は表5－1のとおりである。

表5－1 建築確認を必要とする建築物（法6条）

対象となる建築物[*1]	対象となる規模・構造等	工事の種類	確認までの日数
特殊建築物[*2]	用途に供する部分の床面積の合計が200m²を超えるもの	建築 大規模の修繕 大規模の模様替	35日以内
木造の建築物	3以上の階数を有するもの		
	延べ面積が500m²を超えるもの		
	高さが13mを超えるもの		
	軒の高さが9mを超えるもの		
木造以外の建築物	2以上の階数を有するもの		
	延べ面積が200m²を超えるもの		
上記以外で都市計画区域，準都市計画区域，準景観地区等における建築物		建築	7日以内

*1：防火地域および準防火地域外で，増築，改築，移転をする部分の床面積の合計が10m²である場合は適用しない。
*2：法別表第1および令115条の3に掲げる建築物をいう。

確認申請を必要とする建築設備・工作物の主なものは，以下のとおりである。

a．主な建築設備（令146条）

　建築物に設けるエレベーター，エスカレーターおよび小荷物専用昇降機

　特定行政庁が定期報告を必要とし，指定した建築設備（し尿浄化槽を除く）

b．主な工作物（令138条）

　高さが6mを超える煙突

　高さが15mを超える柱（旗竿，電気事業者の架空線用柱は除く）

　高さが4mを超える広告塔，広告板，装飾塔または記念塔

　高さが8mを超える高架水槽，サイロおよび物見塔

高さが2mを超える擁壁

観光用の乗用エレベーター・エスカレーター

ウォーターシュート，コースター等高架の遊戯施設

原動機を使用するメリーゴーラウンド・観覧車・オクトパス・飛行塔

5−2 確認申請と検査（法6条，7条）

確認申請と検査の流れは表5−2のとおりである。

表5−2　確認申請と検査の流れ

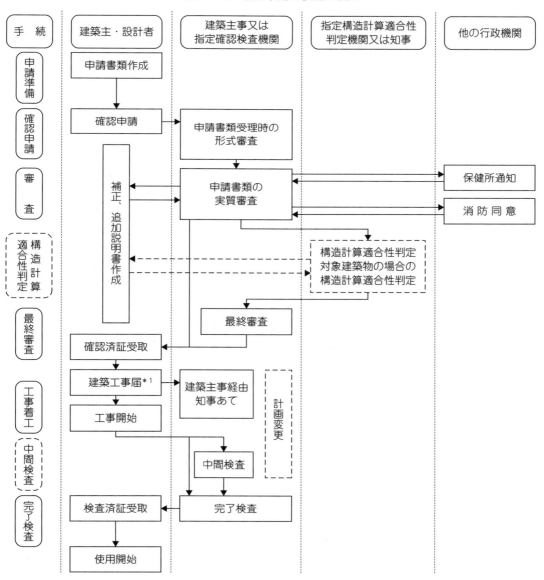

＊1　建築主事に確認をするときは，その際に併せて届け出る（計画通知を含む）。

指定確認検査機関：建築主事と同様に，建築確認申請手続き（確認・中間検査・完了検査・済証の発行）を行うことができる機関（多くは民間機関）。

5－3 消防長の同意等（法93条）

確認審査には，道路，上下水道または文化財保護などさまざまな行政部門が関係している。なかでも消防署は，建築基準法の防火・避難の分野で特に関係の深い機関である。そこで建築主事等は，その建築物の建設地の消防長または消防署長の同意を得た後，確認および許可をする。

5－4 罰則（法98条～106条）

建築基準法の規定に違反したものに対して，その違反事項の性質，程度に応じて罰則が定められている。

建築手続，設計の前提となる事項等の違反は，建築主が，技術的基準に対する違反は，設計者が，設計図書と異なる工事をすれば施工者が，それぞれ罰せられる。

また，職務に関して知り得た秘密を漏らす，または盗用した場合にも罰せられる。

適用される罰則は，3年以下の懲役または300万円以下の罰金，法人の場合は，1億円以下の罰金刑に処せられる。

練習問題

次の文章のうち，正しいものには○を，間違っているものには×をつけよ。
（1） 鉄骨造，高さ4mの装飾塔の築造は，確認済証の交付を受ける必要がある。
（2） 設計図書と異なる工事を行った場合，施工者に罰則が科される。

第6章 関係法規

6－1 建築士法

　建築士法は，建築物の設計，工事監理を行う技術者の資格，設計および工事監理を業務とする建築事務所の登録，業務などを定めている。

　建築士法の目的は，建築物の設計，工事監理を行う技術者の資格を定めることで，業務の適性を図り，これによって建築物の質の向上に寄与することである。

　ここでいう「建築物の質」とは，建築基準法にある事項のみではなく，建築主，使用者，周辺環境に対する「良好な質」を表している。また，その業務は公正かつ誠実に行わなければならない。

（1）建築士制度（建築士法2条1項）▶▶▶▶

　建築士には，一級建築士，二級建築士および木造建築士の種類があり，さらに構造設計／設備設計一級建築士が位置づけられている。（建築士法第10条の2の2）

　建築士でない者は建築士または紛らわしい名称を用いることはできない。

（2）建築士でなければできない設計・工事監理（建築士法3条，20条の2，3）▶▶▶▶

　建築士でなければできない設計および工事監理は，表6－1のとおりである。

　また，構造設計／設備設計一級建築士でなければできない設計等は，以下のものである。

　構造設計一級建築士：高さ60m超の建築物，高さ13m超または軒高9m超の木造建築物，地階を除く4階以上の鉄骨造，高さ20m超の鉄筋コンクリート造または鉄骨鉄筋コンクリート造等。

　設備設計一級建築士：3階建て以上かつ延べ床面積5,000m²超の建築物。

（3）建築士の業務 ▶▶▶▶

a．業務の執行（建築士法18条）

　業務を誠実に行い，建築物の質の向上に努める。

　設計を行う場合，法令または条例に定める建築物に関する基準に適合する設計とする。

表6−1　建築士でなければできない設計・工事監理（建築士法3条，3条の2，3）

延べ面積（S）［m²］	構造 高さ13m以下かつ軒高9m以下の建築物 木造建築物 階数1	階数2	階数3以上	鉄筋コンクリート造・鉄骨造 石造・れん瓦造 コンクリートブロック造 無筋コンクリートブロック造 階数2	階数3以上	高さ13m または 軒高9m を超える建築物
S≦30	制限なし	制限なし	制限なし	制限なし	二級建築士	一級建築士
30＜S≦100	制限なし	制限なし	制限なし	二級建築士	二級建築士	一級建築士
100＜S≦300	木造建築士	木造建築士	木造建築士	二級建築士	二級建築士	一級建築士
300＜S≦500	木造建築士	木造建築士	木造建築士	二級建築士	一級建築士	一級建築士
500＜S≦1,000　一般	木造建築士	木造建築士	一級建築士	一級建築士	一級建築士	一級建築士
500＜S≦1,000　特殊*	一級建築士	一級建築士	一級建築士	一級建築士	一級建築士	一級建築士
1,000＜S　一般	二級建築士	二級建築士	一級建築士	一級建築士	一級建築士	一級建築士
1,000＜S　特殊*	一級建築士	一級建築士	一級建築士	一級建築士	一級建築士	一級建築士

＊：ここでは学校，病院，劇場，映画館，観覧場，公会堂，集会場（オーディトリアムをもたないものを除く），百貨店の用途に供する建築物のことをいう

　工事監理の場合，設計図書と異なる施工がなされている場合，工事施工者に注意し，従わない場合建築主に報告する。

　2,000m²を超える建築物の建築設備にかかる設計または施工管理を行う場合，建築設備士の意見を聴くよう努めなければならない。

ｂ．設計の変更（建築士法19条）

　他の建築士の設計図書の一部を変更しようとする場合，その建築士の承諾を求めて変更する。承諾を得られず変更しようとする場合，変更する建築士の自己責任において変更することができる。

（4）業務に必要な表示行為（建築士法20条）▶▶▶▶▷

　設計（または一部を変更）した場合，設計図書に，建築士（一級，二級または木造の別）の表示，記名および押印をする。

　工事監理が終了した場合，直ちにその結果を文書により，建築主に報告する。

　建築設備に関し，国土交通大臣が定める資格を有する者の意見を聞いたときには，設計図書にその旨を明示する。

　構造設計／設備設計一級建築士が設計（または一部を変更）した場合および適合確認をした場合，設計図書に，構造設計／設備設計一級建築士の表示，記名および押印をする。

6-2 建設業法

建設業法は，適性な建設工事を確保するため，建設業を営む者に対し，建設業の許可，技術者の資格および設置，建設工事の請負契約などを定めている。

建設業法の目的は，建設業を営む者の資質の向上，建設工事の請負契約の適正化等を図ることによって，建設工事の適正な施工を確保し，発注者を保護するとともに，建設業の健全な発達を促進することである。

（1）建設工事の種類　▶▶▶▶

建設業の種類は表6-2のとおりである。

表6-2　建設業の種類（建設業法別表第1）

建設工事の種類	建設業		建設工事の種類	建設業	
土木一式工事	土木工事業	※	板金工事	板金工事業	
建築一式工事	建築工事業	※	ガラス工事	ガラス工事業	
大工工事	大工工事業		塗装工事	塗装工事業	
左官工事	左官工事業		防水工事	防水工事業	
とび・土工・コンクリート工事	とび・土工工事業		内装仕上工事	内装仕上工事業	
石工事	石工事業		機械器具設置工事	機械器具設置工事業	
屋根工事	屋根工事業		熱絶縁工事	熱絶縁工事業	
電気工事	電気工事業	※	電気通信工事	電気通信工事業	
管工事	管工事業	※	造園工事	造園工事業	※
タイル・れんが・ブロック工事	タイル・れんが・ブロック工事業		さく井工事	さく井工事業	
鋼構造物工事	鋼構造物工事業	※	建具工事	建具工事業	
鉄筋工事	鉄筋工事業		水道施設工事	水道施設工事業	
ほ装工事	ほ装工事業	※	消防施設工事	消防施設工事業	
しゅんせつ工事	しゅんせつ工事業		清掃施設工事	清掃施設工事業	
			解体工事	解体工事業	

※：指定建設業

（2）用語の定義　▶▶▶▶

① 建設業

元請，下請その他いかなる名義をもってするかを問わず，建設工事の完成を請け負う営業をいう。

② 建設業者

建設業法による（第3条第1項）許可を受けて建設業を営む者をいう。

③ 発注者

建設工事（他の者から請け負ったものを除く）の注文者をいう。

④ 下請契約

建設工事を他の者から請け負った建設業を営む者と他の建設業を営む者との間で当該建設工事の全部または一部について締結される請負契約をいう。

⑤ 元請負人

下請契約における注文者で建設業者であるものをいう。

⑥ 下請負人

下請契約における請負人をいう。

⑦ 特定建設業

発注者から直接請け負う一件の建設工事につき，その工事の全部または一部を，4,000万円以上（建築工事業にあっては6,000万円以上）となる下請契約を締結して施工しようとするものをいう。

⑧ 一般建設業

特定建設業以外の建設業をいう。

⑨ 指定建設業

土木工事業，建築工事業，電気工事業，管工事業，鋼構造物工事業，舗装工事業，造園工事業の7業種をいう。この7業種について，特定建設業の許可を受けようとする場合は，国土交通大臣が定める国家資格者等を営業所に置かなければならない。

（3）建設業の許可　▶▶▶▶

建設業を営もうとする者は，区分により，国土交通大臣または都道府県知事の許可を受けなければならない。ただし軽微な工事のみ請け負うことを営業とするものは許可を必要としない。

a．許可の種類

表6－3　建設業の許可（建設業法3条）

条件	許可*1の申請先		許可の種類	概要
2以上の都道府県の区域内に営業所*2を設けて営業	国土交通大臣		一般建設業	特定建設業でないもの
1の都道府県の区域内のみ営業所*2を設けて営業	営業所所在地管轄の都道府県知事		特定建設業*3	直接請け負う1件の建設工事につき，その工事の全部または一部を，4,000万円以上となる契約をして施工しようとするもの*4

＊1：工事1件の請負代金の額が建築一式工事では1,500万円に満たない工事または延べ面積が150m²に満たない木造住宅工事，建築一式工事以外では500万円に満たない工事のみ請け負う場合，許可を必要としない
＊2：本店，支店，常時建設工事の請負契約を締結する事務所
＊3：一般建設業の許可を受けている建設業で特定建設業の許可を受けた場合，その一般建設業の許可は無効になる
＊4：許可を受ける工事業種が建設工事業の場合は6,000万円以上

b．許可の有効期限

　建設業許可は，5年ごとにその更新を受けなければ，その効力を失う。

（4）主任技術者および監理技術者の設置　▶▶▶▶

　建設業者は，請け負った建設工事を施工するときは「主任技術者」を置かなければならない。特定建設業者は，下請契約の請負代金の額が4,000万円以上（建築工事業にあっては6,000万円以上）になる建設工事を施工する場合，「監理技術者」を置かなければならない。

6－3　耐震改修促進法およびバリアフリー法

（1）建築物の耐震改修の促進に関する法律（耐震改修促進法）　▶▶▶▶

　地震による建築物の倒壊から国民を守ることを目的とした法律。特定の既存不適格の建築物の建築主に対し，耐震改修の努力を課している。この中には，地震時の倒壊により，円滑な避難を妨げるおそれのある建築物も含まれる。

（2）高齢者・障害者等の移動等の円滑化の促進に関する法律（バリアフリー法）　▶▶▶▶

　高齢者，障害者等の移動上および施設利用上の利便性および安全性の向上促進により，公共福祉の増進を図ることを目的としている。
　一定地区の旅客施設，建築物等およびこれらを結ぶ経路の一体的な整備を促進するための措置を規定している。

特定建築物，特別特定建築物も基準適合義務などを定めている。

6－4 品確法，長期優良住宅法および住宅瑕疵担保履行法

（1）住宅の品質確保の促進等に関する法律（品確法）▶▶▶▶

　住宅の品質確保の促進と住宅購入者等の利益の保護および住宅に係る紛争解決を図ることを目的とした法律である。新築住宅の瑕疵担保責任に関する特例，住宅性能表示制度，紛争処理体制の3本柱からなっている。

（2）長期優良住宅の普及の促進に関する法律（長期優良住宅法）▶▶▶▶

　住宅を長期にわたり使用することにより，国民の住宅負担の軽減を目的とした法律である。数世代にわたって住宅の設備，構造躯体が使用できること，地域の住環境維持向上に配慮されていること，住宅の維持保全のための資金計画が適切であることなどが規定されている。

（3）特定住宅瑕疵担保責任の履行の確保等に関する法律（住宅瑕疵担保履行法）▶▶▶▶

　品確法に定められた新築住宅の瑕疵担保責任（10年間）を保証するため，新築住宅の売主等の資力確保を義務付け，買主等を保護することを目的とした法律。

6－5 その他の関係法規

（1）宅地造成等規制法　▶▶▶▶

　一定規模以上の宅地造成工事等に対し，事前に災害（宅地造成に伴うがけ崩れまたは土砂流出）を防止するための技術的基準を定め，規制をするものである。

（2）土地区画整理法　▶▶▶▶

　土地区画整理事業に関し，その施工者，施工方法，費用の負担等必要な事項を規定することにより，健全な市街地の造成を図ることを目的とする。
　土地区画整理事業地区内に建築物を建築する場合，（換地処分が完了するまで）国土交通大臣または都道府県知事の許可を受けなければならない。

（3）都市計画法　▶▶▶▶

　都市計画の内容およびその決定手続，都市計画制限，都市計画事業その他都市計画に関し必要な事項を定めることにより，都市の健全な発展と秩序ある整備を図ることにより，国土の均衡ある発展の増進を目的とした法律。

（4）消防法　▶▶▶▶

　火災を予防し，警戒しおよび鎮圧し，国民の生命，身体および財産を火災から保護するとともに，火災または地震等の災害による被害を軽減するほか，災害等による傷病者の搬送を適切に行うことを目的とした法律。

練習問題

次の文章のうち，正しいものには○を，間違っているものには×をつけよ。

（1）　特殊建築物でない2階建ての木造建築物で，高さ12m，軒高9m，延べ面積750m^{2}の住宅については，一級建築士または二級建築士ならば設計または工事監理をすることができる。

（2）　建設業を営もうとする者は，いかなる場合であっても，区分により国土交通大臣または都道府県知事の許可を受けなければならない。

（3）　住宅の品質確保の促進等に関する法律（品確法）は，新築住宅の瑕疵担保責任に関する特例，住宅性能表示制度，紛争処理体制の3本柱からなっている。

第1章

（1）× 「主要構造部」とは，主に防火上重要な部分であり，壁，柱，梁，屋根または階段をいい，土台は含まれない。

（2）○

（3）○

（4）○

（5）× 「地階」とは，床が地盤面下にある階で，床面から地盤面までの高さがその階の天井高さの1／3以上あるものをいう。

第2章

（1）○

（2）× 飲食店の用途に供する耐火建築物において，3階以上の部分の床面積の合計が1,000m²以上のものは，内装制限を受ける。

（3）× 「老人福祉施設」は「児童福祉施設等」である。児童福祉施設等の用途に供する部分の防火上主要な間仕切壁は，準耐火構造とし，小屋裏または天井裏に達せしめるかまたは強化天井とする。防火上主要な間仕切壁は，準耐火構造であり，防火構造ではない（表2－6）。

（4）○

（5）○

第3章

（1）○

（2）× 「自動車専用道路」は，建築物の敷地が接しなければならない道路から除外されている。

（3）× 自動車車庫部分の床面積は，敷地内の建築物の床面積の合計の1/5を上限に，算入しない。

（4）○

第4章

（1）× 採光有効面積は，開口部の面積×採光関係比率に応じた採光補正係数で求められる。

（2）× 子供部屋は居室であり，居室の天井高さは2.1m以上としなければならない。

（3）○

（4）○

（5）× 横架材（はり，けた等）の中央部付近下端に，耐力上支障のある欠込みをしてはならない。

第5章

（1）× 確認済証の交付を受ける必要があるのは，高さが4mを超える広告塔，広告板，装飾塔または記念塔である。

（2）○

第6章

（1）○

（2）× 軽微な工事のみ請け負うことを営業とするものは，許可を必要としない。

（3）○

ベーシックマスター　よくわかる　建築法規　　　　　　　　　　　　　　　©

平成 27 年 2 月 25 日　初 版 発 行
令和 3 年 2 月 5 日　第 2 版発行
令和 5 年 4 月 10 日　2 刷 発 行

発行所　一般財団法人 職業訓練教材研究会

〒 162 - 0052

東京都新宿区戸山 1 丁目 15 - 10

電　話　03 - 3203 - 6235

ＦＡＸ　03 - 3204 - 4724

ＵＲＬ　http://www.kyouzaiken.or.jp

ISBN978-4-7863-1161-1